Cocinas del mundo | **Grecia**

Grecia

Con los platos de:

Vangelis Driskas • Costas Spiliadis

Cocinas del mundo

COCINAS DEL MUNDO - **Grecia**

Idea original
Jaume Fàbregas

Dirección editorial
Juan Manuel Bellver

Coordinación de la colección
Núria Egido

Asesoramiento gastronómico
Xavier Agulló
R. de Nola
Jorge Osés Labadie

Maridaje vinos/platos (*)
Juancho Asenjo
Luis García de la Navarra

Realización
Mercè Bolló
Esther Buira
Lola Hernández
David Ibáñez
Carles Llurda
Meritxell Piqué
Carlos Raventos
Pau Raya Castell
Miguel Ángel Sánchez

Fotografía
Daniel Loewe / Joan Jolis, S.L.
Marisa Pérez
Ramon Vallès

Edita
Ciro Ediciones, S.A.

Maquetación
New Color Book, S.L.

Diseño de cubierta
WEP Milano

Preimpresión
Digitalscreen

Impresión
Cayfosa Quebecor

Agradecimientos
www.goormet.com por la selección
y búsqueda de restaurantes

Los platos de la cocina tradicional griega han sido elaborados por el Restaurante Dionisos (Felix Frank, Fredy Medalla, Charalampos Tsimrikidis)

ISBN 84-609-5056-5 (obra completa)
ISBN 84-609-5068-9 (volumen XXVIII - Grecia)
Depósito Legal: B.20718-2005

© de las fotografías y texto original de las páginas 148 a 157, correspondiente a Vangelis Driskas; *The Ultimate Greek Cookbook* (Patakis Publishers, info@patakis.gr)
© de las fotografías introducción y bebidas: Stock Photos, Agencia Cover
(*) La elección y comentario de los vinos que acompañan a las recetas son obra de Juancho Asenjo y Luis García de la Navarra

Sumario

Para abrir boca

Grecia, entre Oriente y Occidente

Por su situación geográfica, entre Oriente y Occidente, Grecia posee una gastronomía mediterránea muy influida por su vecina Turquía. Sencilla y sabrosa, la cocina griega tiene el aceite de oliva como base –no en vano este país es una gran potencia oleícola– y el mar como horizonte y principal inspiración.

Dice un cocinero amigo mío que el Mediterráneo es sobre todo sentimiento, y dicho sentimiento lo reflejan los griegos en esa cocina donde se conjuga la gran calidad de las materias primas con su habilidad para combinar productos y sabores: tomates, berenjenas, ajos, cordero, pescado y, por supuesto, el citado aceite de oliva se integran de forma armoniosa, a veces condimentados con algún toque turco, herencia de tantos siglos de ocupación por parte del vecino otomano. Esta influencia se nota, sobre todo, en sus platos de verduras rellenas, en la forma de preparar y sazonar sus carnes y en su dulcísima repostería.

Los griegos, al igual que nosotros, comienzan el día con un desayuno ligero (café con roscas de pan de semillas de sésamo), se toman a media mañana un

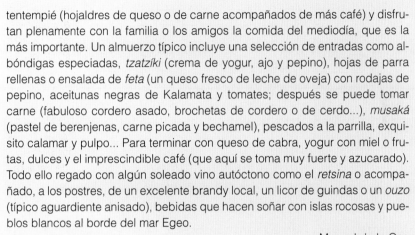

tentempié (hojaldres de queso o de carne acompañados de más café) y disfrutan plenamente con la familia o los amigos la comida del mediodía, que es la más importante. Un almuerzo típico incluye una selección de entradas como albóndigas especiadas, *tzatzíki* (crema de yogur, ajo y pepino), hojas de parra rellenas o ensalada de *feta* (un queso fresco de leche de oveja) con rodajas de pepino, aceitunas negras de Kalamata y tomates; después se puede tomar carne (fabuloso cordero asado, brochetas de cordero o de cerdo...), *musaká* (pastel de berenjenas, carne picada y bechamel), pescados a la parrilla, exquisito calamar y pulpo... Para terminar con queso de cabra, yogur con miel o frutas, dulces y el imprescindible café (que aquí se toma muy fuerte y azucarado). Todo ello regado con algún soleado vino autóctono como el *retsina* o acompañado, a los postres, de un excelente brandy local, un licor de guindas o un *ouzo* (típico aguardiente anisado), bebidas que hacen soñar con islas rocosas y pueblos blancos al borde del mar Egeo.

Manuel de la Osa

Cocinas del mundo: Grecia

La gastronomía griega ha conseguido combinar con habilidad las influencias recibidas de Oriente Medio y Asia con su indudable sabor mediterráneo, marcado por la supremacía del aceite de oliva, el pan, el vino o los productos lácteos. El resultado es una cocina sabrosa, sana y nutritiva, materializada en recetas de fácil elaboración y que ejemplifican el gusto de este país por la buena mesa.

Formada por un archipiélago de centenares de islas y una península continental de suelo poco fértil, Grecia cuenta con una gastronomía que ha logrado subsistir durante siglos gracias a la riqueza de pescados y mariscos, y a la habilidad de combinar los productos de temporada en las cocinas familiares. Por ello, ingredientes tan básicos como el aceite, las aceitunas, el ajo, el queso, el pan, los tomates o el vino alcanzan en este país categoría de verdaderos mitos. Ante ellos, resulta evidente que nos encontramos ante uno de los paradigmas de la gastronomía mediterránea. Sin embargo, Grecia ha sabido aprovechar su extraordinaria ubicación para enriquecer sus recetas con sabores típicamente orientales. Buen ejemplo de esta influencia son el yogur, la berenjena, el uso de especias, la repostería o la denominación de muchos platos típicos. De la combinación entre los elementos mediterráneos y la influencia oriental surgen unos platos frescos, sabrosos, sanos y vistosos.

Comercio y religión

La historia culinaria de Grecia permite comprobar cómo se mantienen los ingredientes básicos que utilizaban los griegos hace más de 2.500 años y que todavía hoy definen a la cocina mediterránea.

El continuo movimiento de viajeros y ejércitos a lo largo de los siglos permitió que se introdujeran la pasta italiana, las legumbres egipcias, los cítricos chinos, el arroz indio, las berenjenas del sudeste asiático o los tomates y pimientos del Nuevo Mundo. Por su parte, a los griegos les correspondió la difusión del cultivo de la viña por el mundo mediterráneo, aunque acabaron siendo los romanos los que perfeccionaron la elaboración del vino.

En la confección de la actual gastronomía griega también juega un papel fundamental la religión. La mayoría de la población griega es cristiana ortodoxa, por lo que las costumbres culinarias del país están marcadas por el calendario de esta doctrina, con numerosos días de fiesta pero también de ayuno. La fiesta más importante es la Pascua, en la que se celebran reuniones familiares donde se degustan platos elaborados con intestinos y vísceras de cordero o cabrito, como la sopa *magirítsa* o las brochetas *kokoretsi,* cocinadas a la brasa. Estas dos propuestas ponen fin a 40 días de Cuaresma, en los que no se permite consumir carne ni productos lácteos. Los únicos alimentos autorizados son vegetales, pescado, mariscos y, excepto en días señalados, aceite. Durante la Semana Santa se preparan los huevos de Pascua, que

se hierven y pintan de rojo como símbolo de la sangre de Cristo, y el *tsureki,* un bollo de pan dulce. Estos alimentos sólo pueden consumirse en la iglesia después de la liturgia del Sábado Santo. Al volver a casa ya se puede tomar la sopa *magirítsa.* El Domingo de Pascua se celebra el fin del ayuno con un cordero a la brasa, todo tipo de ensaladas y yogures.

Las restricciones durante la Cuaresma provocan que la cocina griega se haya convertido en una excelente opción para los vegetarianos, aunque esta gastronomía ya se considera, en su conjunto, una de las más saludables del mundo.

Legendario olivo
Entre los productos básicos en la cocina del país se encuentra el aceite de oliva, considerado también uno de los símbolos de la cocina mediterránea. Grecia es el tercer país productor de aceite, pero el que registra un mayor consumo por persona en el mundo. Los campos de olivares son uno de los paisajes más típicos del país desde hace miles de siglos, como atestiguan las leyendas de la mitología

griega relacionadas con el olivo. La más conocida es la relacionada con la fundación de la ciudad de Atenas: Poseidón y Atenea compitieron por ser la deidad protectora de una nueva colonia griega. Los dioses del Olimpo decidieron que se impondría aquel que ofreciera el regalo de más valor a los habitantes de la nueva población. Poseidón golpeó el suelo con su tridente y surgió un caballo, ejemplo de fuerza, que haría invencibles a los ejércitos. Por su parte, Atenea ofreció un olivo, que permitía obtener alimento, aceite y buena madera. Atenea ganó esta particular competición y dio nombre a la nueva ciudad: Atenas. Pese a que en la actualidad la oliva se cultiva en todo el país, la producción de mayor calidad se concentra en la isla de Creta y en el Peloponeso, la península que conforma el sur del país. Las principales variedades de oliva destinadas a la producción de aceite son *koroneiki, mastoidis* y *adramitini,* mientras que el mejor aceite es el virgen extra, elaborado con olivas maduras. La aceituna de mesa más famosa es la negra *kalamata,* de forma ovalada y puntiaguda, que aporta un sabor fuerte y ácido. En la gastronomía griega es habitual encontrar aceitunas en entremeses, ensaladas, panes y como acompañamiento en numerosas recetas. El pan también dispone de su propia leyenda.

La mitología griega señala a Démeter, diosa de la agricultura y el trigo, como la elaboradora del primer pan. Por ello, en ocasiones se la representa con una hermosa cabellera dorada de espigas de trigo. Más allá de las leyendas y ante la escasa fertilidad de sus tierras, la historia cuenta cómo los griegos tuvieron que importar los granos de trigo y las técnicas de cocción de pan de Oriente Medio. El perfeccionamiento en la elaboración de panes permitió que Grecia acogiera también la primera panadería del mundo. Desde entonces, el pan ha desempeñado un papel fundamental en la gastronomía griega, como complemento de sus numerosos platos de pescado y carne, cocinados con sabrosas salsas. Para estos casos o para acompañar a los entremeses, el pan de pita es el más utilizado. También son habituales los panes de sabores (aceitunas, pasas, verduras, queso, etc.) o los panecillos y roscas cubiertas con semillas de sésamo, conocidas como *koulouri*. Grecia es también el origen de la pasta filo, de harina de trigo y agua, que permite obtener una masa de hojaldre utilizada en la elaboración de pasteles de carne o verduras, y en algunos dulces.

Los lácteos también ocupan un lugar de privilegio entre los productos griegos más renombrados. Preparados a partir de leche de vaca u oveja, el queso y el yogur aparecen integrados en numerosas recetas, conformando una particular mezcla de sabores y texturas difícil de encontrar en otras gastronomías. El yogur

griego, suave y cremoso, se utiliza como postre, acompañado con miel, o como parte de salsas o aliños. Por su parte, los quesos aparecen en ensaladas, aperitivos, platos de carne y verdura, o como sencillos postres. Entre los quesos más conocidos destacan el *feta,* elaborado con leche de oveja y cabra, presente en la *jonátiki,* la típica ensalada griega; el *hallúmi,* que se utiliza en platos a la parrilla, frito o asado; el *manúri,* un queso blando similar al requesón e ideal para postres; o los *kasseri* y *kefalotíri,* dos quesos duros utilizados para cocinar.

Menú griego

El menú clásico griego se construye a partir del omnipresente aceite de oliva, de los distintos usos de los panes y los productos lácteos, y del gusto de los griegos por las verduras, las ensaladas, el pescado fresco o la carne a la parrilla. Se trata de un menú sencillo y ligero, que sigue una estructura similar al de otros países mediterráneos. El primer plato suele ser una selección de *mezés,* sencillos aperitivos que suelen tomarse antes de la comida o en los numerosos cafés y tabernas del país, siempre acompañados de una copa de vino. Estos aperitivos pueden consistir en una simple selección de frutos secos, aceitunas o una rebanada de pan con aceite, o en preparaciones más elaboradas. Entre estas últimas pueden destacarse la *taramosaláta*, un puré de huevas de mújol o bacalao servido con patatas *chips* o pan de pita; *dolmádes*, hojas de parra rellenas de carne de cordero o arroz especiado; platillos de verdura o pescado fritos acompañados de *skordaliá,* una salsa de ajo elaborada con nueces y pan; empanadillas de queso o espinadas elaboradas con pasta filo; salsas de yogur con verduras o purés de garbanzos *(húmus)* o berenjenas *(melitzanosaláta)* para untar. Entre los *mezedes* pueden aparecer platillos de carne que también hacen las veces de platos principales, como *suvkália,* brochetas de cordero adobado y verdura, o *keftedes*, albóndigas de carne sazonadas con hierbas. En el menú griego se suelen tomar dos o tres *mezés,* aunque también es habitual preparar grandes mesas con una enorme variedad de colores, texturas y sabores. Entre los aperitivos también pueden incluirse las ensaladas o las sopas, entre las que destaca la *kakavia,* sopa de pescado originaria de las islas del Egeo y que podría ser el origen de la famosa bullabesa francesa. Tras los aperitivos se acostumbra a comer un plato principal de carne o pescado, acompañado habitualmente de verduras o de una pequeña ensalada. Al no tratarse de un país de pastoreo, los griegos han tenido que idear recetas con pequeñas cantidades de carne, como la tradicional *musaká,* un pastel de carne picada y berenjenas, gratinado con queso; y el *pastítsio,* un pastel de macarrones gratinados con carne picada y queso. También son habituales los platos de pollo asados, preparados con orégano o en forma de brochetas. La forma más habitual de preparación del cabrito o cordero es a la parrilla o en estofado.

Como país pesquero, los platos de pescado y marisco constituyen una de las propuestas más habituales en la gastronomía griega. Algunos de ellos pueden servirse como aperitivos, como la sencilla fritura *kalamarákia*, con pequeños calamares, aunque lo más habitual es prepararlos

a la parrilla o estofados con verduras. La receta más típica, que admite distintas variaciones, es el *psári plakí,* un pescado entero acompañado de zanahorias, puerros y patatas con salsa de tomate. En las poblaciones costeras se sirven todo tipo de platos de pescado o marisco, elaborados con pez espada, sardina, rape, salmonete, lubina, bacalao, rape, trucha, bonito, pulpo, gambas o vieiras. Tanto la carne de pollo como algunos pescados o mariscos pueden incorporarse a los *pilaf,* platos de arroz blanco largo hervido con todo tipo de verduras.

La mayoría de los platos típicos griegos se cocinan en todo el país, aunque también conviene señalar algunos rasgos culinarios característicos de determinadas regiones, marcados por la calidad de los productos de cada tierra. A grandes rasgos, podría señalarse que las regiones del norte y este aparecen más influenciadas por las cocinas orientales, con el uso de guindillas

para sazonar o de platos de arroz. En las islas, la pobreza ha obligado a sacar el máximo rendimiento a su recurso más cercano: el pescado, cocinado de múltiples formas. La principal excepción es la isla de Corfú, en el archipiélago del mar Egeo, muy influenciada por la cocina italiana, como atestigua el *pastítsio.*

Postres y sobremesa

La fruta de temporada y los yogures constituyen los postres más habituales. En los mercados griegos pueden encontrarse naranjas, higos, albaricoques, melones o uvas de primera calidad, que en ocasiones se sirven en almíbar. Estas mismas frutas acostumbran a aparecer en alguna de las numerosas recetas de repostería, en las que la miel y los frutos secos son también ingredientes fundamentales. Entre los postres más típicos, de indudable sabor oriental, conviene señalar el pastel de hojaldre *baklavá,* con nueces y miel; las galletas *kourambiédes,* con almendras y licor, habituales en las fiestas navideñas; o numerosos pasteles y pastelillos que acostumbran a acompañarse de café. Como sucede con los aperitivos, estos postres suelen presentarse en bandejas con distintas variedades.

Pese a la sencillez del menú, es habitual que las comidas se alarguen durante horas, debido al gusto de los griegos por charlar durante la sobremesa y antes de la tradicional siesta. Este estilo de vida tiende a desaparecer de las ciudades y se limita al ámbito rural. Sin embargo, todavía pervive en todo el país el gusto por la cocina en la gran variedad de locales donde, junto a una taza de café o una copa de vino o licor, siguen sirviéndose aperitivos o dulces. Sin duda, un ejemplo del amor de los griegos por una gastronomía sencilla y sabrosa que ha logrado sacar todo el provecho imaginable a sus recursos naturales. La mezcla de ingredientes mediterráneos con influencias orientales la convierten, además, en una forma de disfrutar de una cocina muy cercana pero con un indudable sabor exótico.

Cocinas del mundo

Mezés, ensaladas y sopas

Tzatzíki
Crema de yogur con ajo y pepino

Dificultad: baja
Preparación: 15 minutos

Ingredientes para 4 personas

300 g de yogur griego
1 pepino
2-3 dientes de ajo (al gusto)
20 g de eneldo picado
Zumo de 1/2 limón
Aceite de oliva
Sal
Pimienta

El vino

Acompañar de un vino tinto sin crianza con D.O.C.S. Gouménissa, en la zona de Macedonia, elaborado con negoska y syrah, o de un vino blanco sin crianza con D.O. Terra Alta, de la variedad xarel·lo.

Se pela el pepino, se ralla, se sala y se deja escurrir diez minutos en un colador. Se presiona con las manos para eliminar toda el agua posible y se echa en un bol junto con el yogur (ver *Yogur griego con miel y nueces*) y el eneldo finamente picado. Los ajos se trituran con ayuda de un prensaajos y se incorporan al bol. Se mezclan bien todos los ingredientes y se condimenta la crema con aceite, zumo de limón y un poco de pimienta recién molida. Se reserva en el frigorífico durante un par de horas.

Los *mezés* griegos son aperitivos variados que suelen servirse tanto en bares y restaurantes como en las casas y que constituyen un elemento indispensable de la vida social del país. El *tzatzíki* es uno de los *mezés* griegos más célebres, y suele acompañarse con rebanadas de pan tostado.

Taramosaláta
Crema de huevas de bacalao

Dificultad: baja
Preparación: 20 minutos

Ingredientes para 4 personas

200 g de huevas de bacalao ahumadas

300 g de puré de patata

Aceite de girasol

Zumo de 2 limones

El vino

Acompañar de un vino blanco sin crianza con D.O.C.S. Pezá, en la isla de Creta, de la variedad vilana, o de un Cava Brut Nature con poca crianza en rima, elaborado con las variedades xarel·lo y chardonnay.

En primer lugar, se trituran las huevas de bacalao hasta que queden reducidas a una crema, se añade el puré de patata y se sigue batiendo la mezcla jugando alternativamente con un chorrito de aceite de girasol y otro de limón hasta lograr la consistencia de una mayonesa. Se reserva en el frigorífico y se sirve fría, acompañada con tostadas o pan de pita y decorada opcionalmente con una cucharadita de caviar.

En su origen, este típico *mezé* se elaboraba con huevas de mújol saladas, aunque en la actualidad se prepara casi siempre con huevas de bacalao, que son más asequibles. Una variación muy extendida de la receta incluye ajo y cebolla crudos picados.

Jtipití
Crema de *feta* y pimiento rojo

Ingredientes para 4 personas

2 pimientos rojos cortos
150 g de queso feta
Pimienta de cayena
Aceite de oliva
Sal

El vino

Acompañar de un vino tinto sin crianza con D.O.C.S. Neméa, en el Peloponeso, de la variedad aghiorghitiko, o de un vino tinto sin crianza con D.O. Utiel-Requena, elaborado con monastrell.

Se lavan y se asan los pimientos en el horno hasta que estén tiernos. Se dejan enfriar un poco y se les retiran las pepitas y la piel. Se pasan por la batidora hasta que queden completamente licuados y, a continuación, se añade el queso *feta* desmenuzado, un chorrito de aceite, sal y pimienta de cayena al gusto. Se sigue batiendo hasta obtener una crema, que se reserva en el frigorífico hasta el momento de servirla acompañada de pan tostado.

En Grecia, esta crema se elabora tradicionalmente con *piperia florinis,* pimientos rojos dulces, poco asados, que se venden en conserva con vinagre, aceite de oliva y orégano. Pueden adquirirse en tiendas especializadas.

Dificultad: baja
Preparación: 20 minutos
Cocción: 1 hora

Melitzanosaláta
Crema de berenjenas

Ingredientes para 4 personas
3 berenjenas
1 pimiento rojo corto
1-2 dientes de ajo
Perejil picado
Aceite de oliva
Vinagre de vino tinto
Sal
Pimienta

El vino
Acompañar de un vino rosado sin crianza con D.O.C.S. Playies Melitona, en Macedonia, de la variedad limnio, o de un vino tinto sin crianza con D.O. Calatayud, elaborado con garnacha.

Se lavan las berenjenas, se pinchan con un cuchillo y se colocan en una bandeja para el horno. Se hornean durante aproximadamente una hora a 160-170 ºC, hasta que estén bien blandas. Unos veinte minutos antes de retirarlas del horno, se incorporan a la bandeja el pimiento y los ajos enteros y sin pelar. Una vez cocidos todos los ingredientes, se retira la bandeja del horno, se cortan las berenjenas por la mitad y se vacían con ayuda de una cucharilla. El pimiento asado se despepita, se pela y se corta en tiras. En cuanto a los ajos, se pelan y se trituran. Se pica la carne de la berenjena (o se corta también en tiras) y se pone en un bol, donde se mezcla con el pimiento y el ajo. Se salpimienta el conjunto, se riega con vinagre de vino tinto y aceite de oliva y se espolvorea con perejil picado.

Hay que tener en cuenta que cuanto más se raspe la piel de la berenjena más amarga será la crema. Además de perejil picado, también se le pueden añadir al final unas cuantas aceitunas negras picadas, preferentemente *kalamata*.

Dificultad: baja
Preparación: 15 minutos
Cocción de los garbanzos:
40 minutos

Húmus
Crema de garbanzos

Ingredientes para 4 personas
100 g de garbanzos
1 cucharada de tahina
1 cebolla pequeña
1 diente de ajo
Zumo de limón (al gusto)
Aceite de oliva
Sal
Pimienta

El vino

Acompañar de un vino blanco de reserva con D.O.C.S. Santorini, en el mar Egeo, de las variedades aidani y assyrtiko, o de un vino blanco fermentado en barrica con D.O. Navarra, elaborado con chardonnay.

Los garbanzos se habrán dejado en remojo la noche anterior y se cuecen en agua con sal hasta que estén blandos, durante unos cuarenta minutos. Una vez cocidos, se escurren, se echan en un recipiente, se añaden el ajo y la cebolla pelados y troceados, una cucharada de *tahina* y se tritura todo con ayuda de la batidora hasta obtener un puré. A continuación, se salpimienta la crema de garbanzos y se va agregando zumo de limón y batiendo hasta obtener la textura deseada.

Aunque este plato no es de origen griego sino árabe, no puede faltar en una compilación de recetas de Grecia, puesto que es uno de los *mezés* más populares y solicitados por los griegos.

Skordaliá
Crema de ajo

Ingredientes para 4 personas
120 g de almendras blanqueadas
3 cucharadas de pan blanco rallado
2-3 dientes de ajo
2 cucharaditas de zumo de limón
Aceite de oliva
Sal
Pimienta

El vino

Acompañar de un vino blanco sin crianza con D.O.C.S. Pezá, en la isla de Creta, de la variedad vilana, o de un Fino con D.O. Jerez-Xérès-Sherry, elaborado con palomino fino.

En primer lugar, se trituran las almendras hasta que queden bien molidas. A continuación, se añaden el pan rallado (sin corteza), el ajo majado, la sal y la pimienta y se mezcla todo. Una vez mezclado, se trabaja con la batidora agregando el zumo de limón y el aceite de oliva poco a poco y de forma continua hasta que se espese la crema y quede bien fina. Se reserva en el frigorífico durante un par de horas para servirla fría.

Esta crema de ajo, además de ser un excelente aperitivo untada en tostadas de pan, puede servirse como salsa con tiras de hortalizas crudas (pepino, pimiento, zanahoria, etc.) y combina a la perfección con pescados a la parrilla o al horno.

Dificultad: media
Preparación: 15 minutos
Cocción: 2 horas

Panzária
Remolacha con ajo

Ingredientes para 4 personas

4-5 remolachas frescas
1 diente de ajo
Perejil
Sal
Pimienta
Vinagre de vino blanco
Aceite

El vino

Acompañar de un vino tinto sin crianza con D.O.C.S. Náousa, en Macedonia, de la variedad negoska, o de un vino rosado sin crianza con D.O. Toro, elaborado con tinta de Toro.

Para cocer las remolachas, se cubre con una capa de sal el fondo de una fuente para el horno, se colocan las remolachas encima y se hornean durante dos horas a 160 ºC, hasta que estén tiernas. Seguidamente, se pelan, se laminan y se ponen en una ensaladera. Se pican el ajo y el perejil, se añaden al recipiente y se mezcla todo, para luego salpimentar el conjunto y regarlo con aceite de oliva y vinagre de vino blanco. Puede presentarse la remolacha decorativamente utilizando un molde cilíndrico.

Esta ensalada también forma parte de la tradición de los *mezés* griegos. En los hogares griegos, no existe el concepto de una comida en la que se sirve al principio un primer plato y luego un segundo. Normalmente, se disponen distintos *mezés* sobre la mesa, que los comensales comparten y comen al mismo tiempo que el plato principal.

Dolmádes
Hojas de parra rellenas de arroz

Dificultad: alta
Preparación: 50 minutos
Cocción: 45 minutos

Ingredientes para 4 personas
225 g de hojas de parra
conservadas en salmuera
120 g de arroz de grano corto
175 ml de aceite de oliva
1 cebolla
2 cebolletas
1-2 dientes de ajo
1 cucharadita de eneldo picado
Zumo de 1 limón
Sal
Pimienta

El vino
Acompañar de un vino blanco sin crianza con D.O.C.S. Zítsa, en Epiro, de la variedad debina, o de un vino rosado sin crianza con D.O. Somontano, elaborado con cabernet sauvignon.

En una cazuela se sofríen el ajo, la cebolla y la cebolleta finamente picados. Cuando estén blandos, se echa el arroz, se saltea, se cubre con agua fría y se deja hervir durante unos quince o veinte minutos a fuego lento, hasta que esté en su punto. Se condimenta con sal, abundante pimienta recién molida y eneldo picado y se reserva. Se ponen las hojas de parra en un recipiente, se cubren con agua hirviendo y se dejan en remojo unos veinte minutos. Se lavan con abundante agua fría y se escurren. Se forman paquetitos del tamaño deseado con las hojas de parra rellenas de arroz. Una vez listos los *dolmádes,* se cubre la base de una cazuela con hojas de parra (aprovechando las que hayan podido romperse), se colocan encima los paquetitos de arroz juntándolos todo lo posible. Se riegan con una mezcla de aceite y zumo de limón, se pone sobre los *dolmádes* un plato boca abajo para evitar que se muevan durante la cocción y se tapa la cazuela. Se lleva ésta al fuego y se cuecen lentamente unos cuarenta y cinco minutos. Se dejan enfriar en su propio jugo y se sirven tibios o fríos y acompañados con salsa de huevo y limón (ver *Kotósupa*) o gajos de limón.

> Aunque por seguridad se recomienda usar las hojas de parra conservadas en salmuera, se pueden cocer en casa si se sabe a ciencia cierta que no han sido tratadas con pesticidas. Bastará con elegir las más tiernas, cortar los pedúnculos con unas tijeras, hervirlas durante unos quince minutos en agua con sal y lavarlas bien bajo el chorro de agua fría.

Tiropitákia
Triángulos de queso

Ingredientes para 4 personas
250 g de pasta filo
250 g de queso feta
50 g de queso mizithra *fresco o*
requesón
2 huevos
80 g de mantequilla
2 cucharaditas de perejil picado
1 cucharadita de menta picada
Sal
Pimienta

El vino

Acompañar de un vino tinto seco sin
crianza con D.O.C.S. Náousa, en
Macedonia, de la variedad syrah,
o de un vino tinto sin crianza con
D.O.Ca. Rioja, elaborado
con tempranillo.

Primero se prepara el relleno de queso fundiendo en un cazo a fuego lento el queso *feta* junto con el requesón. Una vez fundidos, se retiran del fuego y se mezclan con los dos huevos previamente batidos, la menta, el perejil, la sal y la pimienta. Se amalgaman bien todos los ingredientes y se reserva la pasta obtenida. Se extiende una lámina de pasta filo y se cortan tres tiras del mismo tamaño, que se untan por ambos lados con la mantequilla fundida. Se coloca una cucharada de la pasta de queso en un extremo y se van doblando las tiras en forma de triángulo. Se repite el mismo procedimiento hasta terminar el relleno, se disponen los triángulos en una bandeja para el horno engrasada con mantequilla y se hornean a 200 ºC durante unos quince o veinte minutos. Pueden servirse calientes o templados.

Este aperitivo forma parte del recetario tradicional griego y es muy popular en todo el país. Los rellenos de la pasta filo varían de una región a otra, aunque los preferidos son de carne picada especiada *(Kreatopitákia)* y de espinacas *(Spanakopitákia)*.

Dificultad: baja
Preparación: 35 minutos
Cocción: 40 minutos

Keftedákia
Albóndigas fritas

Ingredientes para 4 personas

250 g de carne picada de cerdo
*250 g de carne picada de
ternera*
1 cebolla
1 huevo
2-3 cucharadas de pan rallado
Guindilla (opcional)
Perejil picado
Menta picada
Aceite
Sal
Pimienta

El vino

Acompañar de un vino tinto con poca
crianza con D.O.C.S. Rapsáni, en
Tesalia, de la variedad xynomavro, o
de un vino tinto con poca crianza con
D.O. Bierzo, elaborado con mencía.

Se mezclan las carnes en un recipiente con la cebolla finamente picada, el huevo, el pan rallado, el perejil picado, la sal y la pimienta y abundante menta fresca también picada. Se añade la cantidad de guindilla deseada y se amalgama todo. Una vez lista la masa, se van cogiendo pequeñas porciones, que se redondean entre las manos, se aplanan ligeramente y se fríen en una sartén con abundante aceite. Se reservan sobre papel absorbente y se sirven con cualquiera de las célebres salsas griegas.

La particularidad de las albóndigas griegas es su forma de pequeñas hamburguesas y el toque especial que aporta la menta, que se usa siempre generosamente.

Kolokithokeftédes
Albóndigas de calabacín

Ingredientes para 4 personas

500 g de calabacín
1 cebolla
1 diente de ajo
1 huevo
50 g de queso feta
50 g de queso kefalotiri
1 guindilla fresca sin semillas
2-3 cucharadas de pan rallado
Harina
Eneldo
Aceite de oliva
Sal
Pimienta

El vino

Acompañar de un vino blanco fermentado en barrica con D.O.C.S. Rodas, en el Dodecaneso, de las variedades athiri y mandelaria, o de un vino blanco fermentado en barrica con D.O. Rueda, elaborado con verdejo.

Se pela la cebolla, se ralla y se reserva en un recipiente. Se pela el ajo, se tritura con un prensaajos y se mezcla con la cebolla. A continuación, se rallan los calabacines, se añaden al recipiente y se incorporan también los quesos (desmenuzados o cortados en dados muy pequeños), el eneldo y la guindilla picados, el huevo y el pan rallado. Se mezcla todo, se salpimienta y se añade harina en la medida en que el calabacín suelte agua para obtener una masa más bien compacta con la que pueda trabajarse. Se lleva al fuego una sartén con aceite, se forman las albóndigas de calabacín con las manos o con la ayuda de dos cucharas y se fríen hasta que queden doradas. Se sirven acompañadas, por ejemplo, de *tzatzíki* (ver *Tzatzíki*).

Esta sencilla receta puede emplearse para elaborar albóndigas de cualquier verdura imaginable (zanahoria, pimiento, berenjena...), incluso de tomate, aunque añadiendo una mayor proporción de harina. Se recomienda utilizar aceite vegetal para freírlas por su mayor suavidad.

Briám
Verduras al horno

Ingredientes para 4 personas
4 pimientos verdes
4 pimientos rojos
2 berenjenas
3 cebollas
100 g de tomates
1 cucharadita de orégano
Aceite de oliva
Perejil
Sal
Pimienta

El vino

Acompañar de un vino blanco tipo retsina (con adición de virutas de pino alepo durante la fermentación) de la Grecia central, de la variedad savatiano, o de un vino blanco fermentado en barrica con D.O. Penedès, elaborado con chenin blanc.

Los pimientos se lavan y se asan en el horno, o si es posible a la barbacoa, hasta que estén tiernos. Una vez cocidos, se despepitan, se pelan y se cortan en tiras gruesas. Paralelamente, se lavan y trocean las berenjenas y se fríen en una sartén con abundante aceite hasta que estén blandas. Se retiran y se reservan sobre papel de cocina para que escurran el exceso de grasa. En otra sartén, se rehogan las cebollas finamente picadas. Cuando estén doradas, se agregan los tomates pelados y triturados y un poco de agua, se salpimienta al gusto y se deja cocer el conjunto unos diez o quince minutos hasta que espese la salsa. Una vez listos todos los ingredientes, se disponen en una fuente los pimientos y las berenjenas, se espolvorean con orégano, se cubren con la salsa de tomate y se lleva la fuente al horno una media hora a 200 ºC. Se decora con perejil.

En Grecia, los pimientos más populares son los cortos, tanto verdes como rojos, de carne suave y perfumada. En Volos, ciudad situada entre Tesalónica y Atenas, se elabora este mismo pisto con salchichas, que puede degustarse como entrante caliente o bien servirse como plato principal.

Manitária ksidáta
Champiñones con vinagre

Ingredientes para 4 personas
400 g de champiñones pequeños
60 g de queso kefalotiri
1 diente de ajo
1 guindilla
100 ml de vinagre de vino tinto
1 cucharadita de harina
Aceite de oliva
Perejil picado
Sal
Pimienta

El vino
Acompañar de un vino tinto con crianza con D.O.C.S. Náousa, en Macedonia, de la variedad xynomavro, o de una Manzanilla con D.O. Manzanilla de Sanlúcar de Barrameda, elaborada con palomino fino.

Se lleva una cacerola al fuego con aceite y se sofríen la guindilla *(boukovo)* y el ajo finamente picados. Se añaden seguidamente los sombreros de los champiñones bien limpios y, a media cocción, se incorpora la harina. Cuando ésta se haya disuelto, se vierte el vinagre de vino tinto y se deja reducir hasta que los champiñones se hayan empapado de su aroma. En el último momento, se añade el perejil picado, la sal y la pimienta, y se ralla el queso *kefalotiri* por encima.

El secreto de este plato es su simplicidad y la máxima calidad de todos los ingredientes empleados. Si se desea, se puede hornear antes de servirlo para gratinar el queso y presentarlo.

Yígantes plakí
Alubias gigantes con salsa de tomate

Dificultad: media
Preparación: 30 minutos
Cocción: 2 horas

Ingredientes para 4 personas

500 g de alubias gigantes
100 g de puerro
100 g de zanahoria
2 cebolletas
1 rama de apio
2-3 cucharadas de tomate concentrado
20 g de eneldo
1 hoja de laurel
1/2 cucharadita de pimentón
Aceite de oliva
Sal

El vino

Acompañar de un vino tinto seco con crianza con D.O.C.S. Náousa, en Macedonia, de las variedades syrah y cinsault, o de un vino tinto con crianza con D.O. Vinos de Madrid, elaborado con garnacha.

Las alubias se habrán dejado en remojo la noche anterior. Se lleva una cacerola al fuego con agua y se hierven las judías durante aproximadamente una hora, o el tiempo necesario para que se cuezan teniendo en cuenta su considerable tamaño. Entre tanto, se pican las zanahorias peladas, la parte blanca del puerro, el apio y las cebolletas. Se sofríe la cebolleta en una sartén y, cuando empiece a blanquear, se agregan primero las zanahorias y posteriormente el apio y el puerro. Cuando estén las verduras bien rehogadas, se incorporan las alubias cocidas y se remueve el conjunto para que se combinen bien todos los ingredientes. A continuación, se incorporan el tomate concentrado, el laurel y el pimentón, se cubre todo con agua y se lleva a ebullición. Al romper el hervor, se retira del fuego, se rectifica de sal y se mete el guiso en el horno, precalentado a 180 °C, durante unos cuarenta y cinco minutos. Al retirarlo, se espolvorea con eneldo picado y se sirve caliente.

Las judías han sido desde la Antigüedad uno de los alimentos básicos del recetario tradicional de Grecia, especialmente en la época bizantina. Los griegos tienen una clara preferencia por las alubias yígantes, que cocinan en guisos y sopas. Este plato es costumbre prepararlo también con chorizo o con tacos de panceta.

Dificultad: baja
Preparación: 20 minutos
Cocción: 15 minutos

Lulúdia kolokitháki mee avgó
Flores de calabacín con huevo

Ingredientes para 4 personas

16 flores de calabacín
1 huevo
Nuez moscada
Aceite de oliva
Sal
Pimienta

El vino

Acompañar de un vino blanco sin crianza con D.O.C.S. Santorini, en el mar Egeo, de la variedad aidani, o de un vino blanco sin crianza con D.O. Rías Baixas, elaborado con albariño.

Se bate el huevo hasta que quede espumoso y se le añade una pizca de sal y pimienta y un poco de nuez moscada rallada. Se echa un poco de aceite en una sartén antiadherente, se bañan las flores de calabacín en la mezcla de huevo y se fríen en aceite.

Para comprobar el punto de cocción de las flores de calabacín, se observará que al bañarlas en el huevo aumentan ligeramente de volumen. Una vez en la sartén, se considerarán listas cuando reduzcan su tamaño.

Saganáki
Queso *kefalotiri* frito

Ingredientes para 4 personas
350 g de queso kefalotiri
o halumi
Harina
1 tacita de ouzo
Aceite

El vino

Acompañar de un vino blanco seco sin crianza con D.O.C.S. Dafnés, en Creta, de la variedad vilana, o de un vino blanco sin crianza de la Tierra de Castilla, elaborado con viognier.

Se corta el queso *kefalotiri* en triángulos de unos seis centímetros de lado (o en dados o tiras). Se pasan los triángulos por agua brevemente, se secan un poco y se enharinan. Se sacuden para retirar el exceso de harina y se fríen en aceite abundante hasta que se doren. Se retiran de la sartén con ayuda de una espumadera para no estropear los triángulos, puesto que el queso del interior estará fundido, y se reservan sobre papel absorbente. Una vez fríos, se pasan al plato de servicio y se flambean con una tacita de *ouzo*.

Saganáki es en realidad el nombre de la sartén de fondo grueso y doble asa que se emplea en Grecia para preparar estos deliciosos bocaditos de queso, otro típico *mezé* que puede servirse flambeado con *ouzo*, la bebida nacional griega, o bien simplemente regado con zumo de limón.

Dificultad: baja
Preparación: 15 minutos
Cocción: 25 minutos

Sikotákia
Hígado de pollo con *mosxáto*

Ingredientes para 4 personas
300 g de hígados de pollo
1 diente de ajo
1 vaso de vino mosxato
(moscatel)
Perejil
Sal
Pimienta
Aceite

El vino
Acompañar de un vino blanco con crianza de la zona de Tesalia, de la variedad moscatel de Hamburgo, o de un vino blanco fermentado en barrica con D.O. Penedès, elaborado con sauvignon blanc.

Se limpian bien los hígados, se retiran las venillas y se secan con papel absorbente. Se pica el diente de ajo y se sofríe en una sartén con aceite. Cuando empieza a dorarse, se incorporan los hígados de pollo, se salpimientan, se espolvorean con un poco de perejil picado y, cuando estén hechos, se flambean en la propia sartén con el vino y se sirven rápidamente.

La uva moscatel se cultiva sobre todo en la isla de Samos, donde la bebida más típica es precisamente el vino *mosxáto*, uno de los más populares de Grecia, de color dorado y sabor dulce. Esta sencilla receta puede complementarse con piñones y pasas.

Paksimádi kritikó
Pan de Creta con tomate y cebolla

Dificultad: baja
Preparación: 10 minutos

Ingredientes para 4 personas

4 rebanadas de pan seco de Creta (dakos)
2 tomates
1 cebolla
1 diente de ajo
40 g de queso feta
Orégano
Aceite de oliva

El vino

Sírvase con un vino blanco con crianza de D.O.C.S. Sitía, en la isla de Creta, de la variedad vilana, o con un vino blanco con crianza de D.O. Somontano, elaborado con variedades foráneas.

Se reblandecen las rebanadas de pan de Creta bajo el chorro de agua fría brevemente, se disponen en una fuente y se riegan con aceite. Se mezclan en un cuenco el tomate cortado en dados minúsculos o rallado y el ajo y la cebolla picados. Se untan las rebanadas con esta mezcla, se desmenuza o se ralla un poco de queso *feta* encima, se espolvorean con orégano y se vuelven a regar con abundante aceite de oliva.

El pan duro de Creta, secado al sol en la isla de donde procede esta receta, es célebre en toda Grecia. Debe humedecerse siempre con un poco de agua.

Dificultad: baja
Preparación: 25 minutos
Cocción: 1 hora 20 minutos

Jtapódi ksidáto
Pulpo con vinagre

Ingredientes para 4 personas

400 g de pulpo
2 cebollas rojas
1 pimiento rojo corto
1 cucharada de alcaparras
15 granos de pimienta negra
1 l de vinagre de vino tinto
Perejil
Eneldo
Sal

El vino

Acompañar de un vino blanco sin crianza de la zona de las islas del mar Egeo, de la variedad assyrtiko, o de un vino blanco sin crianza con D.O. Rías Baixas, elaborado con albariño y loureiro.

Si se compra un pulpo entero, se corta la cabeza manteniendo los tentáculos de una sola pieza y se colocan sólo éstos en una fuente honda para el horno, se cubren con vinagre de vino tinto, se añaden quince granos de pimienta negra y dos corchos de vino tinto, se cubre la fuente con papel de aluminio y se mete en el horno a 180 ºC durante una hora. Cuando puedan atravesarse fácilmente los tentáculos del pulpo con un palillo, estará cocido.

Se dejan enfriar los tentáculos, se separan y se cuecen enteros a la parrilla hasta dorarlos junto con el pimiento rojo. Seguidamente, se cortan en rodajas muy finas y los pimientos se pelan y se cortan en tiras. Las cebollas se pelan y se cortan asimismo en tiras. Se mezcla todo en un recipiente, se espolvorea con eneldo y perejil picado, se salpimienta y se riega con vinagre de vino tinto y un buen aceite de oliva. Se incorporan las alcaparras y se montan los platos individuales con ayuda de un molde cilíndrico.

Si el pulpo es fresco, se recomienda congelarlo la noche anterior para romper las fibras y facilitar así la cocción, consiguiendo una textura más blanda.

Sardéles se ampelófilo
Sardinas asadas envueltas en hojas de parra

Ingredientes para 4 personas

8 hojas de parra conservadas en salmuera
4 sardinas (8 en función del tamaño)
1 limón
Sal
Pimienta

El vino

Acompañar de un vino blanco sin crianza de la zona del Dodecaneso, de la variedad aziri, o de un vino blanco sin crianza con D.O. Chacolí de Guetaria, elaborado con hodarrabi zuri.

Se ponen las hojas de parra en un recipiente, se cubren con agua hirviendo y se dejan en remojo durante unos veinte minutos. A continuación, se lavan con agua fría y se escurren bien. Se limpian bien las sardinas y se retiran las tripas. Se espolvorean con sal y pimienta y se riegan con el zumo de medio limón. Se extienden las hojas de parra sobre la superficie de trabajo y se envuelven las sardinas en ellas para luego cocinarlas a la parrilla. Una vez cocidas, se riegan con el zumo del medio limón restante y se sirven de inmediato.

Las hojas de parra son muy populares en Grecia y se emplean en la cocción de múltiples platos y como envoltorio para rellenos muy variados a base de carne y arroz, de arroz aromatizado (ver *Dolmádes*) o verduras. En la cocción de pescados, sirven para mantener el pescado húmedo y para aportarle un sabor ligeramente ahumado.

Garídes sajanáki
Gambas con salsa de tomate y *feta*

Dificultad: media
Preparación: 20 minutos
Cocción: 40 minutos

Ingredientes para 4 personas

16 gambas
80 g de queso feta
1 diente de ajo
1/2 cucharadita de pimienta de cayena
1 cucharadita de ouzo
Guindilla (opcional)
Perejil
Sal
Pimienta
Aceite de oliva

Para la salsa de tomate:

300 g de tomates maduros
1 cebolla pequeña
1 diente de ajo
Albahaca
Aceite
Sal
Pimienta

El vino

Acompañar de un vino tinto sin crianza con D.O.C.S. Gouménissa, en Macedonia, de la variedad negoska, o de un Amontillado con D.O. Montilla-Moriles, elaborado con pedro ximénez.

Se prepara primero la salsa de tomate. Se pican el ajo y la cebolla y se pochan en una sartén con aceite. Una vez dorados, se agregan los tomates maduros pelados y troceados y se deja espesar la salsa a fuego muy lento. Cuando esté en su punto, se pasa a un cuenco, se añaden unas hojas de albahaca fresca al gusto, se salpimienta, se tritura todo con la batidora y se reserva.

Se saltean las gambas enteras en una sartén con aceite y un ajo picado. A continuación, se pelan, se devuelven a la sartén y se agrega el *ouzo*. Cuando se haya evaporado el alcohol del licor, se agregan la salsa de tomate previamente elaborada, la pimienta de cayena y la guindilla picada y se remueve para mezclar bien todos los ingredientes. Cuando las gambas estén bien impregnadas de salsa, se desmenuza el queso *feta* encima, se agregan la sal y la pimienta y se espolvorea todo con perejil picado.

Un clásico de las *psarotavernas* en toda Grecia. En estos establecimientos, especializados en marisco y pescado, pueden degustarse platos tradicionales como éste elaborados con los productos más frescos.

Gávri tiganití
Boquerones fritos

Ingredientes para 4 personas
600 g de boquerones
Harina
Sal
Pimienta
1 limón
Aceite de girasol

El vino

Acompañar de un vino blanco sin crianza con D.O.C.S. Robóla de Cefalonia en el mar Jónico, o de un vino blanco sin crianza con D.O. Condado de Huelva, elaborado con zalema.

Se lavan los boquerones, se salpimientan, se enharinan y se fríen en abundante aceite a 180 ºC hasta que estén dorados. Se reservan sobre papel absorbente para eliminar el exceso de aceite y se disponen en el plato. Se corta el limón en gajos y se acompañan los boquerones con los gajos de limón para que cada comensal los aliñe a su gusto.

En la antigua Grecia se atribuía al boquerón un elevado poder afrodisíaco.

Psarokeftédes
Albóndigas de pescado

Ingredientes para 4 personas
500 g de pescado variado
1 huevo
2-3 cucharadas de pan rallado
1/2 cebolla
Aceite
Eneldo
Perejil
Sal
Pimienta

El vino
Acompañar de un vino blanco fermentado en barrica de la zona de las islas del mar Jónico, elaborado con sauvignon blanc, o de un Cava con larga crianza, elaborado con las variedades xarel·lo y macabeo.

Se limpia el pescado y se pica finamente con un cuchillo afilado, o bien se tritura la mitad hasta crear un puré y el resto se trocea con el cuchillo. En un recipiente, se mezcla el pescado con la media cebolla rallada, el huevo batido, el pan rallado y el eneldo y el perejil picados, se salpimienta la mezcla y se reserva en el frigorífico durante media hora como mínimo. Transcurrido este tiempo, se van formando pequeñas bolas de masa con las manos untadas con aceite, se aplanan ligeramente y se fríen en abundante aceite hasta dorarlas. Se sirven acompañadas de crema de ajo (ver *Skordaliá*).

> Estas albóndigas pueden elaborarse con cualquier tipo de pescado o combinando una mezcla de varios. También pueden untarse en *tzatzíki* o cualquiera de las deliciosas salsas griegas.

Kalamarákia tiganitá
Calamares fritos

Ingredientes para 4 personas
600 g de calamares pequeños
Harina
Sal
Pimienta
1 limón
Aceite de girasol

El vino

Acompañar de un vino blanco sin crianza de la isla de Eubea, de la variedad savatiano, o de un vino blanco sin crianza con D.O. Ribeiro, elaborado con las variedades treixadura y albariño.

Se lavan los calamares, se escurren bien y se trocean dejando los tentáculos enteros. Seguidamente se salpimientan, se enharinan y se fríen en abundante aceite a 180 ºC hasta que estén dorados, entre tres y cinco minutos. Se reservan sobre papel absorbente para eliminar el exceso de aceite y se sirven acompañados de gajos de limón.

Otro *mezé* clásico especialmente popular durante los meses de verano. Se recomienda prepararlo con calamares pequeños, mucho más tiernos y sabrosos que los de mayor tamaño.

Joriátiki
Ensalada de tomate, pepino, cebolla, *feta* y pimiento

Dificultad: baja
Preparación: 15 minutos

Ingredientes para 4 personas

4 tomates medianos
100 g de queso feta
50 g de aceitunas kalamata
2 pepinos
1 cebolla roja
1 pimiento rojo corto
1 cucharadita de orégano seco
1 cucharadita de perejil picado
Sal
Pimienta
Aceite de oliva
Vinagre

El vino

Acompañar de un vino blanco sin crianza con D.O.C.S. Mantínia, en el Peloponeso, de la variedad moscofilero, o de un vino blanco sin crianza con D.O. Rueda, elaborado con verdejo.

Se lavan todos los vegetales. Los tomates se cortan en gajos, se laminan finamente los pepinos y la cebolla y el pimiento se despepita y se corta en tiras finas. Se mezcla todo en una ensaladera y se incorporan las aceitunas y el queso *feta* cortado en triángulos, tiras o dados o bien desmenuzado. Se espolvorean el orégano y el perejil, se salpimienta y se riega todo con aceite y vinagre.

La ensalada griega por antonomasia y la más popular internacionalmente. También es frecuente aliñarla con aceite y zumo de limón.

Patatosaláta
Ensalada de patatas

Ingredientes para 4 personas
4 patatas
1 cebolla roja
Perejil
Aceite de oliva
Vinagre
Sal
Pimienta

El vino

Acompañar de un vino tinto sin crianza con D.O.C.S. Rapsáni, en Tesalia, de la variedad stavroto, o de un Oloroso con D.O. Jerez-Xérès-Sherry, elaborado con palomino fino.

Se ponen a cocer las patatas enteras bien lavadas en una olla con agua y sal hasta que estén blandas y puedan pincharse fácilmente con un tenedor o un palillo. Una vez cocidas, se retiran de la olla, se dejan enfriar, se pelan y se cortan en dados o láminas gruesas. Se mezclan en una ensaladera con la cebolla laminada, se espolvorea todo con el perejil picado, la sal y la pimienta y se aliña con aceite y vinagre al gusto. Se reserva una hora en el frigorífico y se sirve fría.

Se recomienda elegir un tipo de patatas de textura suave pero que no se deshagan al hervirlas.

Jórta
Ensalada de hojas de remolacha

Dificultad: media
Preparación: 10 minutos
Cocción: 20 minutos

Ingredientes para 4 personas

4 manojos de hojas de remolacha
Sal

Para el aliño de aceite y limón (ladolemono):
1 taza de aceite
1 taza de zumo de limón
Sal
Pimienta

El vino

Acompañar de un vino blanco sin crianza de la zona del Dodecaneso, elaborado con aziri, o de un vino blanco sin crianza con D.O.Ca. Priorat, de la variedad pedro ximénez.

Se limpian y hierven las hojas de remolacha en agua con sal hasta que estén tiernas, se cuela el caldo y se reservan en un escurridor. Se elabora el aliño de aceite y limón amalgamando ambos ingredientes con ayuda de una batidora o en un mortero, añadiendo el aceite poco a poco hasta conseguir una textura similar a la de la mayonesa. Una vez listo el *ladolemono*, se agrega una pizca de sal y pimienta recién molida. Se disponen las hojas de remolacha en los platos y se riegan con el aliño.

El *ladolemono* se utiliza muy a menudo, además de como aliño para ensaladas, como salsa de acompañamiento de verduras hervidas o cocidas al vapor, por ejemplo patatas, zanahorias, calabacines, etc.

Saláta psilokoméni
Ensalada de lechuga y eneldo

Dificultad: baja
Preparación: 10 minutos

Ingredientes para 4 personas

1 lechuga romana
1 cebolla tierna
50 g de aceitunas kalamata
2 cucharaditas de eneldo picado
Sal
Pimienta
Vinagre de vino blanco
Aceite de oliva

El vino

Acompañar de un vino blanco sin crianza de la isla de Cefalonia en el mar Jónico, de las variedades chardonnay y sauvignon blanc, o de un vino blanco sin crianza con D.O. Rías Baixas, elaborado con albariño.

Se lava la lechuga, se escurre, se pica en juliana bien fina y se echa en una ensaladera. Luego se lamina la cebolla y se agrega al recipiente. A continuación, se incorporan el eneldo picado y las aceitunas *kalamata,* se prepara una vinagreta con cuatro partes de aceite de oliva y una de vinagre, sal y pimienta y la que se riega la ensalada.

Aunque sencilla, es una de las ensaladas más consumidas en los hogares griegos, que sorprende a paladares de otros países por la atípica combinación de lechuga y eneldo.

Saláta róka me manúri
Ensalada de rúcula con queso *manúri*

Dificultad: baja
Preparación: 15 minutos

Ingredientes para 4 personas

250 g de rúcula
1 tomate de ensalada
1 tomate maduro
4 lonchas de queso manúri
Sal
Pimienta
Aceite de oliva
Vinagre balsámico

El vino

Acompañar de un vino blanco sin crianza de Naxos, en el mar Egeo, de la variedad aidani, o de un vino blanco sin crianza con D.O. Monterrey, elaborado con treixadura, godello y doña blanca.

Se escalda el tomate maduro en agua hirviendo durante unos minutos y se pela. Seguidamente, se ralla en un cuenco y se mezcla con sal, pimienta, vinagre y aceite de oliva. Se lavan la rúcula y el otro tomate y, en un plato, se coloca la rúcula en el centro y alrededor unos gajos de tomate. Se riega la ensalada con el preparado de tomate maduro rallado. Se lleva una sartén antiadherente al fuego y se tuestan ligeramente las lonchas de queso *manúri,* de aproximadamente un centímetro de grosor.

Esta sencilla ensalada es perfecta para acompañar todo plato de pescado y puede elaborarse con cualquier lechuga, diente de león, canónigos…

Saláta fasólia
Ensalada de alubias

Ingredientes para 4 personas
400 g de alubias
2 cebollas rojas
Perejil
Sal
Pimienta
Aceite de oliva
Vinagre balsámico

El vino

Sírvase con un vino blanco fortificado seco con crianza de las Islas del mar Egeo, de la variedad moscatel, o con un vino blanco fermentado en barrica de la Tierra de Castilla, elaborado con viognier.

Las alubias se habrán dejado en remojo la noche anterior y se hierven en una cacerola con agua hasta que estén blandas. Se escurren y se dejan enfriar. Una vez frías las alubias, se lamina la cebolla y se pica el perejil. Se mezcla todo en una ensaladera, se salpimienta y se riega generosamente con vinagre balsámico y aceite de oliva. Se reserva en el frigorífico durante una hora y se sirve fría.

Esta ensalada admite todo tipo de ingredientes, desde pimiento rojo y verde picado hasta lechuga, zanahoria, etc. También suele elaborarse con las típicas alubias *yígantes* griegas.

Kotósupa
Sopa de pollo con arroz y salsa de huevo y limón

Dificultad: alta
Preparación: 30 minutos
Cocción: 1 hora 30 minutos

Ingredientes para 4 personas
1 pollo de 1-1,5 kg
1 cebolla
2,5 l de agua
80 g de arroz largo
Sal
Pimienta

Para la salsa de huevo y limón (avgolemono):
2 huevos
1 taza de caldo de cocción del pollo
Zumo de 1 limón

El vino

Acompañar de un vino blanco fermentado en barrica con D.O.C.S. Naousiá, en Macedonia, de la variedad chardonnay, o de un vino blanco fermentado en barrica con D.O.Ca. Rioja, elaborado con viura.

El pollo debe pedirse entero y limpio de vísceras, como si fuese a cocinarse al horno. Se pone en una cacerola grande y honda junto con la cebolla y se cubre con agua, se condimenta con sal y un poco de pimienta y se deja cocer hasta que el agua empiece a espesarse, durante aproximadamente una hora. Se cuela el caldo y se reserva y el pollo se deshuesa y se trocea. Se reserva una taza de caldo y el resto se lleva a ebullición. Cuando rompe el hervor, se echa el arroz y se deja hervir unos quince minutos. Entre tanto, en un bol, se baten los huevos y se va añadiendo el zumo de limón lentamente hasta obtener una textura cremosa. A continuación, se agrega despacio el caldo de cocción del pollo sin dejar de remover y, una vez lista la mezcla de huevo y limón y cocido el arroz, se retira el caldo del fuego, se deja entibiar unos minutos y se vierte en él la mezcla removiendo rápidamente con las varillas o con una cuchara de madera. Se rectifica de sal y pimienta, se añade la carne de pollo desmenuzada o troceada y se sirve caliente.

Las sopas a base de *avgolemono* forman parte del recetario tradicional griego y destacan por el sabor refrescante y ácido del limón. Esta típica mezcla de huevo y limón se emplea tanto con fondos de pollo como de otras carnes y, sobre todo, de pescado.

Yiuvarlákia
Sopa de albóndigas de carne y arroz

Ingredientes para 4 personas

250 g de carne picada de cerdo
250 g de carne picada de ternera
100 g de arroz largo
1 huevo
Sal
Pimienta
Eneldo

Para la salsa de huevo y limón (avgolemono):

2 huevos
1 taza de caldo de cocción de las albóndigas
Zumo de 1 limón

El vino

Acompañar de un vino tinto con crianza con D.O.C.S. Neméa, en el Peloponeso, de la variedad agiorgitiko, o de un vino tinto con crianza con D.O.Ca. Rioja, elaborado con tempranillo.

Se prepara primero la masa de las albóndigas mezclando las carnes picadas con el huevo, el arroz, la sal, la pimienta y el eneldo finamente picado. Si fuera necesario, se añadirá un poco más de huevo o leche hasta obtener una masa bastante compacta y se formarán bolitas. Se disponen las albóndigas en una cacerola, se cubren con agua y se calientan a fuego fuerte hasta que el agua alcance el punto de ebullición. Se baja entonces el fuego y se continúa la cocción hasta que el arroz de las albóndigas esté tierno. Se retiran entonces de la cacerola y se coge una taza de su caldo de cocción para preparar el *avgolemono* (ver *Kotósupa*), que se vierte en el caldo removiendo rápidamente con las varillas o con una cuchara de madera. Se rectifica de sal y pimienta, se colocan las albóndigas en los platos y se riegan con el caldo.

Estas albóndigas de carne y arroz son las más populares del país, y las elaboradas con carne de cordero, una delicia muy apreciada.

Tsorba
Sopa de *bulgur* con yogur y mantequilla de menta

Dificultad: media
Preparación: 45 minutos
Cocción: 50 minutos

Ingredientes para 4 personas
100 g de bulgur
1 l de agua
200 g de yogur griego
100 g de mantequilla
1 cucharadita de menta seca
Sal
Pimienta

El vino

Acompañar de un vino blanco sin crianza con D.O.C.S. Playies Melitona, en Macedonia, de la variedad assyrtiko, o de un vino blanco sin crianza con D.O. Binissalem, elaborado con riesling.

Se lava el *bulgur* en agua abundante tantas veces como sea necesario hasta que el agua salga completamente limpia. Se lleva al fuego una cacerola con agua, el *bulgur* y sal y se cuece este derivado del trigo durante unos diez o quince minutos, se rectifica de sal y pimienta y se deja entibiar. Cuando se haya enfriado, se añade el yogur griego (ver *Yogur griego con miel y nueces*) y se remueve hasta obtener una crema homogénea. A continuación, se funde la mantequilla en una sartén hasta que adopte un tono amarronado, se añade la menta y se vierte la mezcla sobre la sopa.

Esta receta procede del norte del país, de la región de Macedonia Oriental y Tracia.

Dificultad: media
Preparación: 20 minutos
Cocción: 50 minutos

Fasoláda
Sopa de alubias

Ingredientes para 4 personas

300 g de alubias
2 cebollas
1 diente de ajo
2 zanahorias
1 rama de apio
1 ramita de tomillo fresco
1 hoja de laurel
Perejil
Sal
Pimienta

El vino

Acompañar de un vino tinto con crianza con D.O.C.S. Neméa, en el Peloponeso, de la variedad agiorgitiko, o de un vino tinto con crianza con D.O. Navarra, elaborado con tempranillo, cabernet, merlot.

Las alubias se habrán dejado en remojo la noche anterior. Se lleva una cacerola al fuego con agua y se ponen a hervir las alubias. Entre tanto, se pican las cebollas, el ajo y el apio y se pelan y trocean las zanahorias, que se agregan a la cacerola junto con el tomillo y el laurel cuando las alubias están aproximadamente a media cocción. Cuando el agua vuelve a romper el hervor tras añadir las verduras, se tapa la cacerola y se deja cocer todo junto hasta que las alubias estén tiernas. Se salpimienta la sopa, se espolvorea con perejil picado y se sirve caliente.

Esta sopa espesa y consistente puede considerarse como uno de los platos nacionales aunque, evidentemente, cada hogar tiene una receta propia. Otra versión muy extendida es con tomate triturado y aceitunas *kalamata* picadas.

Cocinas del mundo

Platos
principales

Musaká
Lasaña de berenjena y carne picada

Dificultad: media
Preparación: 1 hora
Cocción: 1 hora 15 minutos

Ingredientes para 4 personas

200 g de carne de ternera picada
200 g de carne de cerdo picada
125 g de patatas
200 g de berenjenas
250 g de tomate triturado
1 cebolla
1 diente de ajo
1 hoja de laurel
70 g de queso kefalotiri (o parmesano)
Aceite de oliva
Perejil
Orégano
Sal
Pimienta

Para la bechamel:

60 g de mantequilla
80 g de harina
500 ml de leche
1 huevo
Nuez moscada
Queso kefalotiri

El vino

Sírvase con un vino tinto con crianza de D.O.C.S. Neméa, en el Peloponeso, de la variedad agiorgitiko, o con un vino tinto con crianza de D.O. Jumilla, elaborado con monastrell.

Se cortan las berenjenas en rodajas de un centímetro de grosor, se salan, se fríen en una sartén con aceite y se reservan sobre papel absorbente. En otra sartén se fríen las patatas, peladas y cortadas en rodajas de un centímetro de grosor, hasta que queden blandas, pero no crujientes. Se reservan asimismo sobre papel absorbente. A continuación, se sofríen el ajo y la cebolla finamente picados y, una vez dorados, se añade la mezcla de ambas carnes. Cuando la carne esté hecha, se incorporan el tomate triturado, el perejil, el orégano y el laurel y se salpimienta. Se deja espesar la salsa a fuego lento y se procede a montar la *musaká*. En una fuente para el horno engrasada con aceite, se pone una capa de patatas, encima una de salsa de carne y se van alternando capas de berenjenas y carne hasta casi llenar el recipiente. La última capa debe ser de carne, que se recubre con bechamel y queso rallado y se hornea durante cuarenta minutos.

Para elaborar la bechamel, se lleva un cazo al fuego y se funde la mantequilla. Se añaden la harina y la leche y se va removiendo hasta que espese la salsa. Se añade un poco de queso rallado y, cuando esté fundido, se retira del fuego la bechamel y se deja entibiar. Se echa una pizca de nuez moscada y un huevo y se remueve rápidamente con las varillas.

> Puede decirse que la *musaká* es el plato más conocido e internacional de Grecia. Es de vital importancia dejarla enfriar antes de cortarla para que se mantengan intactas las capas y, sobre todo, para comerla tibia, tal y como hacen los griegos.

Dificultad: media
Preparación: 20 minutos
Cocción: 40 minutos

Kolokitháki gemistó
Calabacín relleno

Ingredientes para 4 personas

4 calabacines medianos
1 cebolla
1 diente de ajo
400 g de arroz largo
2 patatas
2 cucharadas de tomate
concentrado
2 huevos
Zumo de 3-4 limones
Eneldo
Aceite
Sal
Pimienta

El vino

Acompáñese de un vino sin crianza
con D.O.C.S. Dafnés, en Creta, de la
variedad liatiko, o de un vino tinto
con leve paso por barrica con
D.O. Almansa, elaborado
con garnacha tintorera.

Se corta el calabacín en trozos de unos ocho centímetros, se vacía el corazón y se salpimienta por dentro. En una cacerola, se sofríen el ajo y la cebolla y, una vez dorados, se echa el arroz, se remueve, y se agregan el tomate concentrado y el eneldo picado. Se va añadiendo el agua poco a poco, como para hacer un *risotto* y, cuando el arroz esté casi cocido, se rellenan los troncos de calabacín.

En una fuente para el horno, se vierte un vaso de agua, o la necesaria para que quede el fondo cubierto, se pelan las patatas, se cortan en dados y se disponen en la fuente junto con los calabacines. Se riega todo con el zumo de limón y se mete la bandeja en el horno a 170 ºC durante una media hora, hasta que el arroz esté bien cocido. A continuación, se retiran las patatas y los calabacines rellenos y, al jugo que queda en la bandeja se le añaden dos huevos y poco de zumo de limón y se bate hasta conseguir la consistencia de una mayonesa, que se condimenta con eneldo picado.

Esta receta procede de Creta, donde los rellenos de arroz
restan mucho protagonismo a los de carne. En la isla,
es típico mezclar el arroz con pasas y frutos secos.

Pastítsio
Pasta al horno con carne picada

Dificultad: media
Preparación: 1 hora
Cocción: 1 hora 15 minutos

Ingredientes para 4 personas
200 g de carne de ternera picada
200 g de carne de cerdo picada
200 g de macarrones
250 g de tomate triturado
1 cebolla
1 diente de ajo
1 hoja de laurel
70 g de queso kefalotiri (o parmesano)
1 huevo
Aceite de oliva
Perejil
Orégano
Sal
Pimienta

Para la bechamel:
60 g de mantequilla
80 g de harina
500 ml de leche
1 huevo
Nuez moscada
Queso kefalotiri

El vino
Sírvase con un vino rosado sin crianza de D.O.C.S. Mantinía, en el Peloponeso, de la variedad agiorgitiko, o con un vino rosado sin crianza de D.O. Navarra, elaborado con garnacha.

En primer lugar, se prepara la salsa de carne. Se sofríen en una sartén el ajo y la cebolla finamente picados y, una vez dorados, se añaden las carnes picadas. Cuando la carne esté hecha, se incorporan el tomate triturado, el perejil, el orégano y el laurel y se salpimienta. A continuación, se hierven los macarrones en abundante agua con sal durante sólo cuatro minutos, de modo que queden a media cocción. Se escurren y se reservan en un recipiente. Seguidamente, se bate un huevo y se vierte sobre la pasta para que se compacte al cocinarla. En una bandeja engrasada, se dispone primero una capa de macarrones, se cubre con la salsa de carne y se van alternando las capas necesarias para llenar la bandeja, terminando siempre con una capa de pasta, que se cubre con bechamel (ver *Musaká*) y queso rallado y se hornea durante unos cuarenta minutos, hasta que la pasta esté cocida.

A pesar de tener un nombre de origen italiano, este plato es típicamente griego y, aunque no es tan conocido internacionalmente como la *musaká,* en su país de origen se consume tanto o más que ésta.

Fasolákia giajní
Estofado de judías verdes

Ingredientes para 4 personas

500 g de judías verdes
250 g de patatas
1 diente de ajo
1 cebolla
3 cucharadas de tomate concentrado
Aceite de oliva
Orégano
Eneldo
Sal
Pimienta

El vino

Servir con un vino blanco sin paso por madera de D.O.C.S. Rodas, elaborado con la variedad athiri, o con un vino blanco sin crianza de D.O. Penedès, de la variedad xarel·lo.

Se lleva al fuego una cacerola con aceite y se rehogan el ajo y la cebolla finamente picados. Cuando estén blandos, se agregan el tomate concentrado y las judías verdes limpias y se remueve. Se incorporan a la cacerola dos tazas de agua y se deja cocer el guiso durante unos veinte o treinta minutos, hasta que las judías estén tiernas, removiendo de vez en cuando para evitar que se pegue y añadiendo un poco más de agua en caso necesario. Una vez cocidas las judías, se agregan las patatas peladas y cortadas en dados, sal, pimienta y orégano y se sigue cociendo el conjunto a fuego lento hasta que la salsa quede bien espesa. Para terminar, se espolvorea un poco de eneldo picado por encima.

Este guiso de judías verdes puede servirse recién hecho aunque, por lo general, en Grecia se sirve frío. Si se desea un punto de picante, puede añadirse media guindilla o bien media cucharadita de pimienta de cayena.

Imám baildí
Berenjenas rellenas al horno

Dificultad: media
Preparación: 45 minutos
Cocción: 1 hora

Ingredientes para 4 personas

8 berenjenas medianas
4 cebollas grandes
8 dientes de ajo
Aceite de oliva
250 ml de tomate triturado
Perejil
Sal
Pimienta

El vino

Sírvase con un vino blanco sin crianza de D.O.C.S. Zítsa, en Tesalia, de la variedad debina, o con un vino blanco sin paso por madera de D.O. Rueda, de la variedad verdejo.

Se lavan las berenjenas, se cortan los pedúnculos y, con un cuchillo, se realiza un corte longitudinal en todas ellas. Se espolvorean los cortes con sal y se dejan reposar en un colador para que eliminen el exceso de agua. Se lleva una sartén al fuego con aceite y se saltean las berenjenas. Cuando empiezan a cambiar de color, se retiran y se reservan. En la misma sartén, se pochan a continuación los ajos y la cebolla laminados. Una vez dorados, se vierte el tomate triturado, una pizca de perejil picado junto con la pimienta y se deja cocer la salsa durante unos diez o quince minutos. Seguidamente, se introduce la salsa en las incisiones realizadas con anterioridad en las berenjenas, que se disponen entonces en una bandeja y se hornean durante alrededor de una hora a 170 ºC.

Aunque estas berenjenas rellenas se consideran una especialidad griega, su origen se sitúa en Turquía. Se dice que el nombre de *imám baildí*, que se traduciría literalmente como "el imán desmayado", se debe a que un jefe espiritual musulmán se desmayó al ver la cantidad de aceite que se empleaba en su elaboración.

Gemistá
Pimientos rellenos

Ingredientes para 4 personas

8 pimientos rojos
500 g de arroz largo
1 cebolla
1 ajo
2 cucharadas de tomate concentrado
Aceite de oliva
Perejil
Sal
Pimienta

El vino

Sírvase con un vino tinto joven sin madera de D.O.C.S. Rapsani, en Tesalia, elaborado con krassato, o con un vino joven de maceración carbónica de D.O.Ca. Rioja, de la variedad tempranillo.

Se pican finamente el ajo y la cebolla y se rehogan en una cacerola con un poco de aceite de oliva. Se añaden el arroz y el tomate, se mezcla todo y se va añadiendo agua a medida que el arroz la va necesitando hasta que esté medio cocido. Se incorpora el perejil picado, la sal y la pimienta y se retira el arroz del fuego. Se lavan los pimientos, se corta la parte superior a modo de tapa, se despepitan y se rellenan tres cuartas partes con arroz. Se colocan en una bandeja para el horno, de modo que queden bastante apretados, se riegan con aceite de oliva y se hornean durante una media hora, hasta que los pimientos queden tiernos.

Es importante no rellenar completamente los pimientos, puesto que el arroz está a media cocción y aumentará de volumen al terminar de cocerse en el horno.

Exojikó arní
Rollo de cordero

Ingredientes para 4 personas

1 pierna de cordero cortada en dados
1 paquete de pasta filo
3 ramas de apio
2 zanahorias
2 cebollas
1 pimiento verde
1 pimiento rojo
1 ajo
1 huevo
Sal
Pimienta
Perejil
Queso kefalotiri
Aceite de oliva

El vino

Servir con un vino tinto con crianza de D.O.C.S. Rapsani, en Tesalia elaborado con xynomavro, o con un tinto con crianza de D.O. Ribera del Duero, de la variedad tinto fino.

Se lleva una sartén al fuego con aceite y se sofríen la cebolla y el ajo finamente picados. Una vez dorados, se añade la carne y se deja cocinar a fuego lento hasta que casi se deshaga y se añaden a continuación las verduras cortadas en pequeños dados, primero el apio y la zanahoria y después de unos minutos el resto. Se salpimienta al final de la cocción y se deja enfriar el relleno. Cuando esté completamente frío, se cortan piezas rectangulares de pasta filo, según el tamaño de rollo que se desee, se dispone el relleno, un poco de queso *kefalotiri* y se forman los rollos, que se sellan con huevo batido y se hornean a 180 °C hasta que la pasta quede dorada. El jugo que ha quedado de la carne se reduce hasta obtener una salsa espesa con la que finalmente se riega el rollo antes de servirlo.

Estos tradicionales rollos de pasta filo pueden elaborarse también con otras carnes.

Dificultad: media
Preparación: 40 minutos
Cocción: 1 hora

Giouvétsi
Orzo con carne y tomate

Ingredientes para 4 personas
500 g de pasta orzo
400 g de carne de ternera
(preferentemente del cuello)
500 g de tomate triturado
1 cebolla
1 diente de ajo
1 hoja de laurel
Orégano
Canela
Queso feta *para gratinar*
Sal
Pimienta
Aceite de oliva

El vino

Sírvase con un vino tinto con crianza de D.O.C.S. Neméa, en el Peloponeso, elaborado con refosco, o con un vino tinto maduro con crianza de D.O. Navarra, de la variedad merlot.

Se sofríen el ajo y la cebolla picados en una sartén con aceite y, una vez dorados, se incorpora la carne de ternera cortada en dados de unos tres centímetros, se rehoga y se incorporan luego el tomate, las hierbas aromáticas, la sal y la pimienta. Se deja cocer todo junto hasta que la carne esté tierna y jugosa. Una vez que el conjunto esté listo, se pasa a una fuente para el horno, se agrega la pasta y se hornea a 170 ºC el tiempo necesario para que la pasta se cueza. En el último momento, se retira la bandeja del horno, se ralla queso *feta* por encima y se pone a gratinar. Se puede decorar con una ramita de perejil.

Es importante que la carne quede tierna y jugosa, para lo cual se dejará cocer a fuego lento durante aproximadamente una hora. Pueden emplearse otros tipos de pasta en la elaboración de este plato, aunque el *orzo* es la más popular en Grecia.

Dificultad: media
Preparación: 20 minutos
Cocción: 25 minutos

Spanakórizo
Arroz con espinacas

Ingredientes para 4 personas
400 g de arroz largo
1 kg de espinacas frescas
1 cebolla mediana
1 diente de ajo
Zumo de 3 limones
2 cucharadas de tomate
concentrado
Aceite de oliva
Perejil
Sal

El vino
Sirvase con un vino rosado joven sin
paso por madera de
D.O.C.S. Amyndaio, en Macedonia,
de la variedad xynomavro, o con un
vino rosado sin crianza de
D.O. Somontano, de la variedad
cabernet sauvignon.

Se doran el ajo y la cebolla picados en una sartén con aceite y, cuando estén dorados, se agrega el arroz, se saltea, y se incorpora el concentrado de tomate. Una vez que esté todo mezclado, se añade el agua necesaria para cubrir el arroz y se deja cocer hasta que se haya consumido. Se va agregando más agua poco a poco, a medida que el arroz la vaya necesitando, hasta que esté en su punto. Hacia el final de la cocción, se incorporan las espinacas bien limpias, el zumo de limón, la sal, la pimienta y el perejil picado.

Un delicioso plato de verano. Si se prefiere, puede sustituirse el perejil por eneldo.

Dificultad: media
Preparación: 40 minutos
Cocción: 1 hora 30 minutos

Mosjaráki lemonáto
Estofado de ternera al limón

Ingredientes para 4 personas

*500 g de carne de ternera para
estofar*

500 g de patatas

1 cebolla

1 ajo

Zumo de 6 limones

Orégano

Perejil

Sal

Pimienta

El vino

Sírvase con un vino tinto de media
crianza de D.O.C.S. Archanes, en la
isla de Creta, elaborado con
mandelaria, o con un vino blanco
fermentado en barrica de
D.O. Somontano, de la variedad
chardonnay.

Se sofríen en una sartén con aceite el ajo y la cebolla picados bien finos. Seguidamente, se agrega la carne de ternera cortada en dados del tamaño de un bocado y se rehoga
todo. Se pelan las patatas, se cortan en dados y se disponen en la base de una fuente para el horno. Se cubren con
el contenido de la sartén y se condimenta todo con el zumo
de limón, el orégano, la sal y la pimienta. Se tapa la fuente
con papel de aluminio y se lleva al horno a 180 ºC hasta que
las patatas estén cocidas. Se retira entonces el papel de
aluminio y se deja la fuente en el horno durante otros quince minutos.

El limón es uno de los grandes protagonistas de la cocina
griega y en esta receta alcanza su máximo esplendor
aportando a la carne un sabor inconfundible. Es también muy
típico preparar el pollo *(kotópulo)* y el cordero *(arní)* de esta
manera *(lemonáto)*.

Paidákia xiriná sti sjára
Costillas de cerdo a la parrilla

Ingredientes para 4 personas

8 costillas enteras de cerdo
1 taza de ladolemono
Sal
Pimienta
Tomillo
Eneldo
Orégano

El vino

Sírvase con un vino tinto joven sin crianza de D.O.C.S. Gouménissa, en Macedonia, de la variedad negoska, o con un vino tinto joven sin paso por madera de D.O. Bierzo, elaborado con mencía.

Se limpian las costillas del posible exceso de grasa y se untan bien con *ladolemono* (ver *Jórta*), se condimentan con sal, pimienta, orégano, tomillo y eneldo y se asan a la parrilla o en el horno hasta que estén doradas y crujientes.

Otro de los múltiples usos que en Grecia se le da al *ladolemono*.

Dificultad: media
Preparación: 20 minutos
Cocción: 35 minutos

Kotópulo yiaúrti
Pollo con yogur

Ingredientes para 4 personas
1 pollo de 1,5 kg cortado a
cuartos
2 dientes de ajo
Sal
Pimienta
Aceite de oliva

Para la salsa de yogur:
500 g de yogur griego
Aceite de oliva
Ajo
Orégano
Menta

El vino

Sírvase con un vino blanco
fermentado en barrica de
D.O.C.S. Playies Melitona, en
Macedonia, de la variedad assyrtiko,
o con un vino blanco fermentado
en barrica de D.O. Rueda,
elaborado con verdejo.

Se prepara el pollo para hornearlo pintándolo uniformemente con una pasta elaborada con los dientes de ajo majados en el mortero y mezclados con el aceite de oliva, la sal y la pimienta. Se engrasa una bandeja para el horno con aceite y se hornea el pollo a 150-160 °C durante unos veinte minutos. Paralelamente, se mezclan en un recipiente el yogur griego con las proporciones deseadas de ajo, aceite de oliva, orégano y menta hasta obtener una crema. Transcurridos los veinte minutos, se saca la bandeja, se vierte la crema aromatizada de yogur griego y se devuelve al horno durante otros diez o quince minutos, hasta que la crema empiece a agrietarse.

Otro excelente uso de esta delicada salsa de yogur es untar con ella cualquier carne que vaya a cocinarse a la barbacoa.

Kota sti sjára
Pollo a la parrilla

Ingredientes para 4 personas

*1 pollo cortado a cuartos (o 4
muslos de pollo)*
1 taza de ladolemono
Sal
Pimienta
Tomillo
Eneldo
Orégano

El vino

Sírvase con un vino blanco maduro
sin madera de D.O.C.S. Mantinía, en
el Peloponeso, de la variedad
moscofilero, o con un vino blanco
fermentado en barrica de la Tierra de
Castilla, elaborado con viognier.

Se untan los muslos de pollo con *ladolemono* (ver *Jórta*), se condimentan con sal, pimienta, orégano, tomillo y eneldo y se asan a la parrilla o en el horno hasta que estén dorados y crujientes.

Pueden sustituirse el orégano y el eneldo por cualquier otra
mezcla de hierbas aromáticas, que aportarán al pollo
un aroma especial.

Dificultad: media
Preparación: 30 minutos
Cocción: 45 minutos

Barbúnia sto fúrno
Salmonetes al horno

Ingredientes para 4 personas
8-12 salmonetes
2 cebollas medianas
4 dientes de ajo
2 hojas de laurel
2 clavos de olor
Zumo de 1/2 limón
Pimienta
Perejil
Romero
Sal
Pimienta
Aceite de oliva

El vino

Servir con un vino blanco maduro sin
crianza de D.O.C.S. Patras, en el
Peloponeso, de la variedad roditis, o
con un vino blanco fermentado en
barrica de D.O. Penedès, elaborado
con parellada y chardonnay.

Se limpia el pescado, se escurre y se dispone en una fuente para el horno. Se riega con el zumo de limón y se reserva. Se lleva al fuego una sartén con aceite y, cuando esté caliente, se añaden el ajo y la cebolla finamente laminados, que se dejan sofreír hasta que se vuelvan traslúcidos. Se incorporan entonces el laurel, el romero, el perejil, los clavos y la pimienta negra recién molida y la sal. Se deja sofreír el conjunto hasta obtener una salsa espesa, que se vierte sobre el pescado. Se precalienta el horno a 200 ºC y se cuece el pescado durante unos veinte minutos.

Otra posibilidad es añadir al sofrito medio vaso de vino blanco seco, que combina armoniosamente con el pescado y le da un sabor especial.

Dificultad: media
Preparación: 30 minutos
Cocción: 1 hora 30 minutos

Lavráki sto fúrno me eliés
Lubina al horno con aceitunas

Ingredientes para 4 personas
4 lubinas de ración
2 cebollas grandes
2 tomates maduros pelados y
sin semillas
4 dientes de ajo
3 cucharadas de perejil picado
1 pimiento verde
Aceitunas negras kalamata
Aceite de oliva
Sal
Pimienta

El vino

Sírvase con un vino blanco sin
madera de D.O.C.S. Pezá, en la isla
de Creta, de la variedad vilana, o con
un Cava Brut con media crianza
elaborado con chardonnay.

Se escama el pescado, se lava y se escurre. Se le practican cuatro incisiones diagonales en los lomos y se salpimienta. Se lleva una sartén al fuego con aceite y se sofríen brevemente el ajo y la cebolla picados muy fino con el perejil. Se añaden luego los tomates pelados, despepitados y troceados y el pimiento verde y se deja espesar la salsa. Se cubre el fondo de una fuente para el horno donde quepa el pescado entero con la mitad del sofrito, se coloca el pescado encima y se riega con el sofrito restante. Se esparcen unas cuantas aceitunas negras alrededor y se lleva la fuente al horno a 190 ºC durante una hora, regando el pescado de vez en cuando con su propio jugo.

Esta sencilla receta griega puede emplearse con cualquier otro pescado entero (pargo, dorada, etc.), siempre con excelentes resultados.

Bacaliáros kaloiéru
Bacalao al estilo de los monjes del monte Athos

Dificultad: media
Preparación: 30 minutos
Cocción: 35 minutos

Ingredientes para 4 personas

400 g de lomos de bacalao desalados
3 cebollas
12 ciruelas pasas
4 patatas
2 hojas de laurel
1-2 cucharadas de tomate concentrado
Zumo de 2 limones
Perejil
Aceite de oliva
Sal
Pimienta

El vino

Servir con un vino tinto con poca crianza en barrica de D.O.C.S. Playies Melitona, en Macedonia, de la variedad limnio, o con un vino tinto con crianza de nuevo cuño de D.O.Ca. Rioja, elaborado con tempranillo.

Se pelan las patatas, se cortan en dados o en tiras gruesas y se fríen en una sartén con aceite. Se retiran y se reservan sobre papel absorbente para que escurran el exceso de grasa. Las cebollas se laminan finamente y se pochan en una cacerola con aceite. Cuando estén doradas, se añade el tomate concentrado, se remueve con una cuchara de madera y se deja cocer el conjunto durante unos veinte minutos, tras los cuales se incorporan las patatas previamente fritas. Se agregan entonces las hojas de laurel y los lomos de bacalao, se cubre el pescado con agua, se tapa la cacerola y se deja cocer durante unos cinco minutos. Transcurrido este tiempo, se añaden las ciruelas pasas y, al cabo de otros cinco minutos, el zumo de limón. Se salpimienta el guiso, se espolvorea con perejil picado y se sirve caliente.

El monte Athos (*Agios Oros* en griego) está situado en Macedonia y es el único estado monástico del mundo. Está habitado por una comunidad de monjes que viven en veinte monasterios repartidos por la zona y que cada año reciben la visita de miles de cristianos ortodoxos, aunque todos hombres ya que, según la tradición, las mujeres no pueden pisar la montaña. Los monjes, retirados del mundo, han creado su propia cocina a lo largo de los siglos, y algunos de sus platos, como este sensacional bacalao, están ya integrados en la dieta griega.

Tsipoúra sti sjára
Dorada a la parrilla

Ingredientes para 4 personas

4 doradas de ración
1 limón
Alcaparras
Romero
Eneldo
Orégano
Sal
Pimienta

Para el aliño *ladolemono:*

1 taza de aceite
1 taza de zumo de limón

El vino

Servir con un vino blanco sin paso
por madera de D.O.C.S. Santorini, de
la variedad assyrtiko, o con un vino
tinto mediterráneo de media crianza
de D.O. Yecla, elaborado
con monastrell.

Se escaman y se limpian las doradas. Se les practican tres incisiones diagonales con un cuchillo en los lomos y en ellas se introduce un trozo de limón, una ramita de romero y una pizca de eneldo picado y de orégano.

Para elaborar el *ladolemono,* se amalgaman ambos ingredientes con ayuda de una batidora o mejor en un mortero añadiendo el aceite muy despacio hasta conseguir una textura similar a la de la mayonesa. Se salpimienta el pescado y se pinta con la mezcla de aceite y limón justo antes de asarlo en la parrilla. Una vez asado, se decora con alcaparras y un poco de *ladolemono.*

Una excelente receta griega para preparar pescados a la barbacoa.

Cocinas del mundo

Postres

Yiaúrti me méli ke karídia
Yogur griego con miel y nueces

Dificultad: alta
Preparación: 2 días
Cocción: 35 minutos

Ingredientes para 4 personas

2 l de leche entera
1-2 cucharadas de yogur griego
Nueces
Miel

El vino

Servir con una copita de vino dulce de la isla de Paros, en el mar Egeo, de la variedad malvasía, o con un vino dulce de vendimia tardía de D.O. Penedès, elaborado con macabeo.

Para preparar el yogur, se calienta la leche en una olla justo hasta que esté a punto de hervir y se baja el fuego. Se deja entibiar y se añaden entonces lentamente una o dos cucharadas de yogur griego, se mezcla con la leche y se retira el cazo del fuego. Seguidamente, se cubre la olla con varias mantas o toallas con el objetivo de que la mezcla se enfríe lo más lentamente posible y, al cabo de un día o día y medio, se habrá obtenido un yogur bastante líquido. Se forra un escurridor grande con dos capas de tela, se vierte el yogur encima, se cierra la tela y se coloca un peso encima para extraer toda el agua durante unas seis o siete horas. Una vez que el yogur tenga la textura cremosa deseada, se pasa a un tarro de cristal y se reserva en el frigorífico.

Para elaborar el postre, basta con servir el yogur en cuencos o platos individuales, espolvorear nueces picadas encima y regarlo todo con una buena miel.

En los hogares griegos, cuando se elabora yogur, se suele colocar una piedra de mármol o un guijarro bien limpio en la olla donde se calienta la leche, cuyas vibraciones impiden que la leche hierva y haga espuma, lo cual estropearía el yogur.

Karidópita
Tarta de nueces y jarabe

Ingredientes para 4 personas

100 g de nueces
200 ml de leche
170 g de harina
3 huevos
100 g de mantequilla
1 tacita de azúcar
1 tacita de canela en polvo
1 ramita de vainilla
1 cucharadita de vinagre
1 cucharadita de bicarbonato sódico
1 cucharadita de levadura en polvo
Chocolate de cobertura

Para el almíbar:

300 g de azúcar
300 ml de agua
1 ramita de canela
Zumo de 1/2 limón
Agua de rosas (opcional)

El vino

Servir con un vino dulce fortificado de la isla de Cefalonia, en el mar Jónico, de la variedad mavrodaphne, o con un Oloroso seco de D.O. Jerez-Xérès-Sherry, elaborado con palomino fino.

Se echan en un recipiente la harina, el bicarbonato, la levadura, la leche, los huevos, la mantequilla fundida, el azúcar, la canela en polvo, una cucharadita de vinagre y la ramita de vainilla raspada y se bate todo junto hasta que esté bien amalgamado. Se añaden entonces las nueces picadas. Se engrasa un molde grande o bien moldes individuales con mantequilla, se vierte la mezcla y se cuece en el horno a 180 ºC durante unos quince o veinte minutos, hasta que al introducir un palillo en el centro salga completamente seco y limpio. Una vez cocida la tarta, se retira del horno y se deja enfriar.

Se lleva un cazo al fuego para preparar el almíbar con el agua, el azúcar, el zumo de medio limón, una ramita de canela y, opcionalmente, dos o tres gotas de agua de rosas. Se deja reducir y se reserva.

Una vez fría la tarta de nueces, se riega con el almíbar. A continuación, se funde el chocolate de cobertura y se extiende una capa sobre la tarta, que se sirve fría, decorada con nueces y acompañada con fresas frescas.

Este célebre postre griego se caracteriza por el color oscuro que le da la canela en polvo y un particular baño de almíbar. Otra excelente opción para el almíbar puede ser aromatizarlo con zumo de naranja y *brandy*.

Jalvás
Pastel de sémola y almendras

Ingredientes para 4 personas
200 g de sémola de tamaño medio
150 g de almendras picadas
300 g de azúcar
2 vasos de agua
1 ramita de canela
2 clavos de olor
1 rodaja de naranja (opcional)
Aceite de oliva

El vino

Servir con un vino dulce fortificado de la isla de Creta, de la variedad malvasía, o con un vino naturalmente dulce de D.O. La Palma, elaborado con malvasía.

Se elabora primero un jarabe llevando a ebullición en un cazo el azúcar con dos vasos de agua, la canela, los calvos y una rodaja de naranja (opcional). Mientras reduce el jarabe, se lleva otro cazo al fuego con un poco de aceite y se rehoga la sémola hasta que esté ligeramente tostada y adquiera un aspecto grumoso. Se incorporan entonces las almendras y se mezclan con la sémola hasta que los dos ingredientes estén perfectamente combinados. A continuación, se retiran la canela, los clavos y la naranja del jarabe y se vierte poco a poco en el cazo de la sémola, removiendo hasta que se forme una pasta densa, que se coloca en moldes individuales, se deja enfriar y se reserva en el frigorífico durante una hora como mínimo antes de servirla.

Uno de los dulces más populares y apreciados en toda Grecia, sobre todo durante la Cuaresma, puesto que no contiene ni huevo, ni leche ni mantequilla, que son productos prohibidos en la religión ortodoxa durante los períodos de ayuno.

Dificultad: media
Preparación: 20 minutos
Cocción: 30 minutos

Baklavás
Pastelitos de nueces

Ingredientes para 4 personas

1 paquete de pasta filo
500 g de nueces
250 g de mantequilla fundida
100 g de azúcar
2 cucharaditas de canela
2 cucharadas de pan rallado

Para el almíbar:

300 g de azúcar
500 ml de agua
1 ramita de canela
Zumo de 1/2 limón
Agua de rosas (opcional)

El vino

Servir con un vino dulce fortificado de Patras, en el Peloponeso, de la variedad mavrodaphne, o con un Fondillón de D.O. Alicante, elaborado con monastrell.

Se trituran las nueces y se mezclan en un recipiente con el pan rallado, la canela y el azúcar. Se pinta cada una de las hojas de pasta filo con la mantequilla fundida y se superponen tres o cuatro láminas cortadas a la medida que se desee para los rollos. Se coloca el relleno de nueces en el centro y se forman los rollos. Se engrasa una bandeja para el horno y se colocan los rollos bastante juntos, que se hornean a 120-130 ºC durante una hora y después se sube la temperatura a 180 ºC hasta que se dore la pasta. Se retira y se deja enfriar. Los pastelillos se sirven impregnados de sirope aromatizado (ver *Karidópita*).

Uno de los pastelitos griegos más conocidos, que se toma como merienda o como postre especial en celebraciones.

Dificultad: media
Preparación: 50 minutos
Cocción: 45 minutos

Glikó me karída
Pastel de coco

Ingredientes para 6 personas
200 g de harina
150 g de mantequilla fundida
150 g de azúcar
4 huevos
1 cucharada de coñac
1 cucharada de zumo de naranja
2 cucharaditas de levadura en polvo
80 g de coco rallado

Para el jarabe:
150 g de azúcar
250 ml de agua
1 ramita de canela
1 cucharada de coñac

El vino
Servir con un vino dulce con paso por madera de la isla de Samos, elaborado con muscat de Samos, o con un vino dulce de D.O. Lanzarote, de la variedad malvasía.

Para preparar el jarabe, se lleva un cazo al fuego con el agua, se añade el azúcar y se calienta hasta que esté completamente disuelto removiendo de vez en cuando. Se incorpora la ramita de canela y el coñac u otro licor al gusto y se deja reducir durante unos cinco minutos. Se reserva y se deja enfriar.

Mientras, se mezclan en un recipiente la mantequilla fundida y el azúcar y se baten hasta que espume la mezcla, se van incorporando las yemas de huevo una a una, batiendo cada vez, y seguidamente el coñac y el zumo de naranja. Se tamiza la harina junto con la levadura y se incorpora a la mezcla y, seguidamente, el coco rallado. Por último, se baten las claras a punto de nieve y se incorporan al conjunto, que se vierte sobre una fuente para el horno engrasada con mantequilla y se hornea a 190 ºC durante unos treinta o treinta y cinco minutos. Una vez listo el bizcocho de coco, se cortan porciones en forma de rombo y se vierte el jarabe por encima.

Tras regarlas con el jarabe, se recomienda dejar reposar las porciones de pastel de coco durante unos diez o quince minutos para que se impregnen bien.

Díples
Tortitas de miel

Ingredientes para 4 personas

2 huevos
2 yemas de huevo
1 cucharada de azúcar
1 cucharada de zumo de naranja
1 cucharadita de levadura
Harina
Aceite vegetal para freír
Canela en polvo
Nueces
Miel

Para el jarabe:

1/2 vaso de agua
4 cucharadas de miel

El vino

Servir con un Vinsanto dulce de la isla de Samos, elaborado con las variedades assyrtiko, aidani, athiri, o con un vino dulce de D.O. Penedès, de la variedad riesling.

Se vierten los huevos y las yemas en un recipiente, se baten y se mezclan con una cucharada de zumo de naranja. Se va agregando harina mezclada con levadura, canela en polvo y azúcar, y trabajando la masa hasta lograr una textura consistente. A continuación, se forma una bola con la masa y se sigue trabajando sobre una superficie enharinada hasta que salgan burbujas. Se extiende entonces con ayuda de un rodillo hasta obtener una lámina de pocos milímetros de grosor y se cortan rectángulos, que se dejan reposar unos minutos y se fríen en aceite muy caliente hasta que queden dorados.

Para preparar el jarabe, se lleva un cazo al fuego con la miel y el agua y se calientan a fuego lento hasta que rompan el hervor. Se deja reducir el líquido durante unos diez minutos y se riegan con él las tortitas. Finalmente, se salpican con miel y nueces picadas y se sirven tibias o frías.

Uno de los dulces preferidos en todo el país que no suele faltar en la mesa de Navidad de los hogares griegos.

Dificultad: alta
Preparación: 45 minutos
Cocción: 1 hora

Galaktobúreko
Pastel de crema

Ingredientes para 4 personas
1 paquete de pasta filo
1 taza de mantequilla fundida

Para el relleno:
150 g de azúcar
100 g de sémola fina
1/2 l de leche
3 huevos
2 cucharadas de mantequilla
1 cucharada de ralladura de
naranja

Para el almíbar:
300 g de azúcar
300 ml de agua
1 ramita de canela
Zumo de 1/2 limón
Agua de azahar (opcional)

El vino
Acompáñese de un vino dulce fortificado de la isla de Cefalonia, en el mar Jónico, elaborado con mavrodaphne, o con una mistela tinta de D.O. Terra Alta, de la variedad garnacha.

Se lleva un cazo al fuego y se funde la mantequilla a fuego muy lento. Se incorpora la sémola, se mezcla con la mantequilla y seguidamente se agregan el azúcar, la leche y la ralladura de naranja. Se cuece el conjunto hasta que espese y adopte la consistencia de una crema, se deja entibiar un poco y se añaden uno a uno tres huevos removiendo constantemente la mezcla.

Se pintan las láminas de pasta filo con la mantequilla fundida y se colocan tres o cuatro de ellas en el fondo de una bandeja para el horno, recubriendo también los bordes. Se vierte el relleno y se cubre con otras tres o cuatro láminas de pasta filo bien untadas con mantequilla. Se lleva el pastel al horno, precalentado a 160 ºC, durante unos treinta y cinco o cuarenta minutos, se deja enfriar y se reserva en el frigorífico para servirlo muy frío regado con el almíbar (ver *Karidópita*).

Se pueden introducir láminas de pasta filo troceadas entre el relleno para dar más consistencia al pastel.

Dificultad: media
Preparación: 40 minutos
Cocción: 45 minutos

Revaní
Pastel de sémola y jarabe

Ingredientes para 4 personas

250 g de sémola fina
250 g de mantequilla
160 g de azúcar
100 g de harina
5 huevos
1 ramita de vainilla
1/2 cucharadita de levadura
1/2 cucharadita de bicarbonato
Ralladura de naranja
Ralladura de limón

El vino

Sírvase con un vino dulce fortificado
de la isla de Cefalonia, en el mar
Jónico, de la variedad mavrodaphne,
o con un vino blanco dulce con
botrytis de D.O. Navarra, de la
variedad moscatel.

Primero se baten las yemas de huevo con el azúcar y la ramita de vainilla raspada. A continuación, se añaden a la mezcla la sémola, la harina, la levadura y el bicarbonato y se sigue mezclando el conjunto. Se incorpora seguidamente la ralladura de naranja y limón, se baten las claras a punto de nieve y se agregan poco a poco a la mezcla. Se vierte ésta en una fuente para el horno engrasada con mantequilla y se hornea a 180 ºC durante aproximadamente cuarenta y cinco minutos, hasta que se introduzca un palillo en el centro y salga seco y limpio.

Este delicioso pastel griego puede acompañarse
con cualquier *coulis* de frutas, con nata o bien regarse con
un almíbar aromatizado con agua de azahar.

Dificultad: media
Preparación: 30 minutos
Cocción: 15 minutos

Lukumades
Buñuelos con miel

Ingredientes para 4 personas

1 vaso de agua tibia
20 g de levadura de panadero
1/2 vaso de leche
Harina
Aceite
Sal
Miel
Almendras picadas

El vino

Servir con un vino blanco dulce de la isla de Samos, de la variedad muscat de Samos, o con un vino blanco dulce de D.O. Málaga, elaborado con moscatel.

Se vierte un poco de agua tibia en un bol y se disuelve en ella la levadura fresca. Se deja reposar unos quince minutos a temperatura ambiente y, a continuación se mezcla con el resto del agua, la leche y una pizca de sal. Se va añadiendo harina y batiendo enérgicamente con las varillas hasta obtener una pasta fina y semilíquida. Se lleva una sartén al fuego con abundante aceite y, cuando esté muy caliente, se cogen cucharadas de pasta y se van friendo hasta que estén doradas y crujientes. Se reservan sobre papel absorbente para eliminar el exceso de aceite y, en el momento de servir los buñuelos, se riegan con miel y se espolvorean con almendras picadas.

Una excelente receta para preparar con niños. En Grecia, su elaboración se convierte casi en un juego, puesto que normalmente se pone la pasta en las manos engrasadas con aceite, se aprieta el puño y el exceso de masa que aparece entre el índice y el pulgar se echa rápidamente a la sartén.

Cocina
de autor

Vangelis Driskas
Chef

Teórico de la gastronomía
tradicional griega y mediterránea
y practicante de la cocina
vanguardista y creativa, Driskas,
tras trabajar en importantes
restaurantes atenienses, se
dedica ahora a la divulgación y
enseñanza de sus conocimientos.
Es profesor y autor de
prestigiosos libros, que recibieron
en 2004 y 2005 sendos premios
al Mejor Libro de Alta Cocina
del Mundo en el certamen
internacional Gourmand World
Cookbook Awards.

Costas Spiliadis
Restaurante Milos

Reconocido mundialmente
como una autoridad en cultura
y gastronomía griega, Spiliadis,
nacido en Patras, inauguró
su primer restaurante Milos
en Montreal en 1980.
Su cocina, fiel a la tradición
pero alejada de tópicos, fue
un éxito. Tras abrir en 1997 otro
establecimiento en Nueva York,
reconocido por la guía Zaggat
entre los 50 mejores
restaurantes de la ciudad, en
enero de 2004 regresó a Grecia
para abrir Milos en Atenas.

Avokánto ke kapnistó jéli gia orektikó
Aperitivo de aguacate y anguila ahumada

Vangelis Driskas

Ingredientes para 4 personas
100 g de anguila ahumada
1 aguacate
1 pepino
1/2 taza de yogur batido
Zumo y ralladura de 2 limas
2 cucharadas de semillas de nigella (ajenuz) o de sésamo negro
Sal

El vino

Acompañar de un vino blanco sin crianza de la zona de Grecia Central, de la variedad savatiano, o de un vino blanco espumoso Brut Nature con D.O. Utiel-Requena, elaborado con chardonnay y macabeo.

Se pela el aguacate y se elabora un puré mezclándolo en la batidora con el yogur y el zumo y la ralladura de dos limas. Se añade una pizca de sal y se vuelve a batir. Se cortan tiras de pepino con un pelapatatas, se pone una cucharada de crema de aguacate en cada una de las tiras y se forman rollos. Se disponen en un plato, se espolvorea cada uno con unas semillas de *nigella* y se coloca encima un pequeño trozo de anguila ahumada.

Saláta spanáki me míla ke prosouto
Ensalada de espinacas con manzanas y jamón

Vangelis Driskas

Ingredientes para 4 personas

400 g de espinacas frescas
2 manzanas
Zumo de 1 limón
3 chalotas
150 g de jamón serrano en lonchas muy finas

Para la vinagreta:

1/3 de taza de aceite de oliva
3 cucharadas de vinagre
1 manzana
1 cucharada de miel
1 cucharada de mostaza suave

El vino

Acompañar de un vino blanco fermentado en barrica de la zona de las islas del mar Egeo de la variedad malvasía, o de un vino blanco fermentado en barrica con D.O. Mancha, elaborado con chardonnay.

Se extienden las lonchas de jamón en una bandeja para el horno cubierta con papel de aluminio y se hornean a 180 ºC durante 8-10 minutos, hasta que queden crujientes. Se limpian y se lavan con cuidado las espinacas, se secan bien y se trocean. Se lavan las manzanas, se cortan en rodajas (sin pelarlas) y se disponen en un cuenco lleno de agua con zumo de limón para evitar que se oxiden. A continuación, se mezclan todos los ingredientes de la vinagreta y se baten para amalgamarlos.

Presentación: Para componer el plato, se van alternando las espinacas con las rodajas de manzana y las chalotas picadas finamente y se aliña todo con la vinagreta. Se sitúan encima las lonchas crujientes de jamón.

Vangelis Driskas

Fáva me karameloména kremídia ke sáltsa méntas
Fáva con cebollas caramelizadas y salsa de menta

Ingredientes para 4 personas
Para la fáva:
1 taza de guisantes amarillos partidos
4 tazas de agua
1 cebolla
1 diente de ajo
1 zanahoria
1 cucharadita de comino
Aceite de oliva
Sal

Para la cebolla caramelizada:
3 cebollas
1/2 taza vinagre balsámico
1 taza de vino Mavrodafne
Aceite de oliva
Sal
Pimienta

Para la salsa de menta:
1/2 taza de aceite de oliva
3 cucharadas de vinagre de vino
1/2 ramillete de menta fresca
1 diente de ajo
Almendras tostadas

El vino

Acompañar de un vino tinto sin crianza de la zona de Tesalia, de las variedades krasato o mavro mesinikola, o de un vino tinto con poca crianza con D.O. Ribera del Duero, de la variedad tinto fino.

La fáva: Se hierven los guisantes amarillos partidos en cuatro tazas de agua sin sal junto con la cebolla, la zanahoria y el diente de ajo. Se dejan cocer aproximadamente durante una hora y media, removiendo con frecuencia para evitar que se peguen y añadiendo agua en caso necesario. Cuando los guisantes estén tiernos, se cuelan y se añade la sal, el comino y el aceite de oliva y se mezcla todo. Se dejan enfriar y se pasan por la batidora para elaborar un puré.

La cebolla caramelizada: Se pelan y se laminan finamente las cebollas para luego saltearlas en aceite de oliva. Cuando empiezan a tomar color, se vierte el vinagre balsámico y el vino Mavrodafne, se salpimientan y se rehogan a fuego lento durante una media hora. Si fuera necesario, se puede añadir agua.

La salsa de menta: Se baten el aceite de oliva, el vinagre de vino, el ajo y las hojas frescas de menta con la batidora.

Presentación: Se cubre el fondo del plato con la salsa de menta, se dispone la fáva en el centro formando un montículo junto con las cebollas caramelizadas y se adorna el plato con almendras tostadas.

Vangelis Driskas

Manitária me garídes ke práso
Champiñones estofados con
gambas y puerro

Ingredientes para 4 personas
20 champiñones grandes
400 g de gambas peladas y
limpias
1 diente de ajo rallado
1 puerro picado muy fino
2 chalotas picadas muy finas
2 calabacines rallados
1 taza de vino Mavrodafne u
Oporto
2 cucharadas de eneldo
1/2 cucharadita de menta
1/2 cucharadita de tomillo
Aceite de oliva
Sal
Pimienta

El vino
Acompañar de un vino blanco
seco fortificado con crianza
de la zona de las islas del mar
Egeo, de la variedad assyrtiko,
o de un Amontillado con
D.O. Jerez-Xérès-Sherry, elaborado
con palomino fino.

Se limpian los champiñones y se reservan los sombreros. Se saltean ligeramente en una sartén con aceite de oliva, se sal-pimientan y se dejan enfriar. Se saltean el ajo, las chalotas, el puerro y el calabacín picados y, cuando estén tiernos, se añaden a la sartén las gambas pelados. A continuación, se incorpora el vino Mavrodafne (o el vino de Oporto). Se reho-ga todo junto durante cinco minutos, se retira y se reserva el caldo de cocción. En un bol, se mezclan el eneldo, la menta y el tomillo bien picados y se les añade el caldo de cocción para elaborar una salsa. Se rellenan los champiñones con las gambas y las verduras y se sirven regados con la salsa.

Sardéles marinátes me síka ke ksídi balsámiko

Sardinas marinadas con higos y vinagre balsámico

Vangelis Driskas

Ingredientes para 4 personas

500 g de sardinas
100 g de higos secos
1/2 copa de vino tinto
1 rama de canela
5 granos de especias variadas
5 dientes de ajo
1/2 taza de aceite de oliva
3 cucharadas de vinagre balsámico
Zumo de 2 limones
Sal gruesa
Pimienta
Eneldo

El vino

Acompañar de un vino blanco fermentado en barrica de la isla de Cefalonia, en el mar Jónico, de la variedad sauvignon blanc, o de un vino blanco de vendimia tardía sin crianza con D.O. Rías Baixas, elaborado con albariño.

En primer lugar, se limpian las sardinas, se retiran la cabeza y las espinas y se reservan los filetes. Se lavan con abundante agua, se disponen en un recipiente espolvoreadas con sal gruesa y se conservan en el frigorífico durante 8-12 horas. Se lavan bien para retirar el exceso de sal y se riegan con aceite de oliva y zumo de limón.

Se cortan los higos muy finamente y se escaldan en un cazo con el vino tinto, la canela, las especias y los ajos durante treinta minutos. Se dejan enfriar y se baten con aceite de oliva, vinagre balsámico, sal y pimienta hasta obtener un puré. Para finalizar el plato, se preparan rollitos con los filetes de sardina, se rellenan con el puré de higos y se decora la presentación con eneldo.

Costas Spiliadis

Avgá kiprínu Mesologíu me fakés
Huevas de carpa de Mesologgi con lentejas negras beluga

Ingredientes para 4 personas
Para las lentejas:

600 g de lentejas negras beluga
200 g de cebolla picada
120 g de raíz de apio
1 tacita de aceite de oliva
2 cucharadas de vinagre de vino blanco
Sal
Pimienta

Para la presentación:

100 g de avgotaraho *(huevas de carpa curadas)*
1/2 cebolla
Aceite de oliva virgen extra
Perejil fresco

El vino

Servir con un vino espumoso de media crianza de la zona del Ática, de la variedad moscofilero, o con un Cava no muy viejo, elaborado con parellada, macabeo y xarel·lo.

Las lentejas: Se lavan las lentejas en abundante agua. Se vierte un poco de aceite en una cacerola y se saltea ligeramente la cebolla picada muy fino. Cuando esté dorada, se añaden las lentejas y la raíz de apio y se saltea todo suavemente durante un minuto. Se agrega un poco de agua, se deja que rompa el hervor y se va añadiendo más agua poco a poco en función de la capacidad de absorción de las lentejas hasta que queden *al dente*. Se escurren, se vierten en un cuenco grande y se aliñan con sal, pimienta, aceite de oliva y vinagre de vino blanco.

Presentación: Se corta el *avgotaraho* en láminas de medio centímetro de grosor, que se disponen alineadas en el centro del plato. A un lado se coloca una capa fina de lentejas en forma de media luna y al otro rodajas finas de cebolla adornadas con perejil fresco picado. Se aliña todo con aceite de oliva.

Costas Spiliadis

Tóno me skordaliá
Atún con *aliada*

Ingredientes para 4 personas
Para la *aliada:*
2-3 dientes de ajo picado
500 g de patatas hervidas
100 ml de aceite de oliva virgen
extra
80 ml de fondo de pescado
5 ml de vinagre

Para el atún:
440 g de filetes de atún de aleta
azul de calidad "sushi"
40 g de semillas de sésamo
blancas
40 g de semillas de sésamo
negras
60 ml de aceite de sésamo
Sal
Pimienta
4 cucharadas de salsa
Worcestershire

Para la guarnición:
1 remolacha mediana cortada en
dados de 2-3 cm
2 cucharadas de perejil picado
2-3 cucharadas de aliada
2-3 cucharaditas de aceite de
oliva virgen extra
1 cucharadita de vinagre de vino
blanco

El vino

Servir con un vino tinto con crianza de
la isla de Zákinthos, en el mar Jónico,
elaborado con avgoustiatis,
o con un vino tinto con crianza
de D.O. Utiel-Requena donde
predomine la variedad bobal.

La *aliada:* Se trituran las patatas hervidas con el ajo finamente picado. Se añade aceite de oliva y se bate el conjunto durante cinco minutos. A continuación, se añade el caldo de pescado y el vinagre, se salpimienta al gusto y se sigue batiendo hasta conseguir una consistencia cremosa.

El atún: Se mezclan en un recipiente las semillas y el aceite de sésamo, la salsa Worcestershire, sal y pimienta y se dejan marinar los filetes de atún durante por lo menos media hora. A continuación, se asan los filetes a la brasa hasta que se doren uniformemente y se cortan en láminas de alrededor de un centímetro de grosor.

Presentación: En un recipiente, se mezclan los dados de remolacha y el perejil picado y se aliñan con aceite y vinagre al gusto. Con ayuda de un molde cilíndrico, se dispone un círculo de guarnición en cada plato y se decora con una ramita de perejil. Se colocan las lonchas de pescado espolvoreadas con semillas de sésamo en los platos y se acompañan con la salsa de ajo.

Jtapódi sti sjára me almiró máratho
Pulpo a la parrilla con hinojo marino

Costas Spiliadis

Ingredientes para 4 personas
Para el pulpo:
1 pulpo de 1 kg
2 cebollas
Aceite de oliva
Vinagre
Sal
Pimienta
Orégano

Para la presentación:
1 cebolla laminada
6 cucharadas de perejil picado
4 manojos de hinojo marino
Aceite de oliva
Vinagre de vino tinto

El vino
Servir con un vino blanco con personalidad de D.O. Patras, en el Peloponeso, de la variedad redescubierta recientemente lagorthi, o con un vino blanco sin crianza de D.O. Ribeiro, de las variedades treixadura, loureiro y caíño.

Se limpia el pulpo y se le corta la cabeza dejando los tentáculos de una pieza. Se colocan los tentáculos en un recipiente para el horno y se añade un poco de aceite, vinagre y las cebollas enteras. Se cubre con papel de aluminio y se hornea durante entre cuarenta y cuarenta y cinco minutos. Se retira y se deja enfriar a temperatura ambiente. Se cortan los tentáculos para separarlos, se pincelan con aceite de oliva y se ponen al grill hasta que el pulpo tenga color y desprenda todo su aroma. A continuación, se cortan en rodajas gruesas y se colocan los trozos en un recipiente. Se espolvorean con sal, pimienta y orégano, se riegan con aceite de oliva y vinagre de vino tinto y se remueve. En un cuenco, se mezclan el perejil picado y la cebolla laminada.

Presentación: Se dispone la mezcla de perejil y cebolla en el centro del plato, sobre la cual se disponen los trozos de pulpo decorados con hinojo marino o *kritamo*. Este plato se puede servir con garbanzos sencillamente hervidos, escurridos y rociados con aceite de oliva.

Costas Spiliadis

Peskantrítsa stin katsaróla
Cazuela de colas de rape

Ingredientes para 4 personas

4 colas de rape de ración
150 g de queso feta
1/3 de bulbo de hinojo
1/2 cebolla tierna picada
1 guindilla
1 tacita de agua
1 tacita de vino blanco
Granos de pimienta rosa, blanca
y negra
Sal

El vino

Servir con un vino blanco potente y graso de D.O.C.S. Santorini, elaborado con la variedad assyrtiko, o con un vino blanco fermentado en barrica de D.O. Valdeorras, de la variedad godello.

Se lavan las colas con cuidado y se les retira la piel. Se ponen en una sartén a fuego medio con el hinojo y la cebolla tierna picada. Se salpimientan, se riegan con el vino y el agua y se tapa la sartén. Se deja cocer el pescado durante aproximadamente veinte minutos, añadiendo un poco más de agua en caso necesario. Transcurrido este tiempo, se incorporan el queso *feta* desmenuzado, la guindilla entera y los granos de pimienta. Se remueve todo suavemente hasta que se mezcle bien y la salsa se espese. Se rectifica de sal y se vuelve a remover.

Presentación: Se sirve el pescado en una bandeja grande con la salsa y unos granos de pimienta dispuestos decorativamente.

Costas Spiliadis

Lukumádes me méli ke triméno portokáli
Buñuelos con miel y ralladura de naranja

Ingredientes para 4 personas

750 ml de agua
1 kg de harina
1 l de aceite vegetal
150 g de miel
50 g de leche
40 g de levadura
50 g de nueces
Canela en polvo
2 cucharadas de ralladura de naranja
1 pizca de azúcar

El vino

Servir con un vino blanco dulce de la isla de Samos, elaborado con muscat de Samos, o con un vino blanco dulce sin paso por madera de D.O. Alicante, de la variedad moscatel.

En un recipiente grande se mezclan la levadura y el agua hasta obtener una consistencia adecuada. Se añaden la leche y el azúcar y se remueve bien para que todos los ingredientes se amalgamen adecuadamente. Poco a poco, se va incorporando la harina y se amasa. Cuando la masa esté lista, se debe cubrir con un paño y dejarse reposar en una zona cálida durante entre treinta y cuarenta minutos. Se vierte el aceite en una cazuela grande y se tapa para que se caliente más rápidamente. A continuación, se elaboran bolitas de masa con las manos y se fríen en el aceite. Con ayuda de una espumadera, se mueven las bolas para que se frían de manera uniforme hasta que adquieran un color dorado intenso. Cuando estén listas, se sacan con la espumadera, se sacuden para eliminar el exceso de aceite y se ponen en un cuenco sobre papel absorbente. A continuación, se colocan en una bandeja y se rocían generosamente con miel. Se espolvorean con canela al gusto y se adornan con nueces y ralladura de naranja.

La despensa

Alubias *(Fasólia)*

Aunque la antigua civilización griega ya conocía una especie similar a la judía común, la variedad que se utiliza ahora fue introducida en Europa desde América en el siglo XVI. Actualmente, muchos aperitivos o ensaladas griegas llevan alubias que, generalmente, se consumen frías.

Arroz *(Rízi)*

Cereal rico en almidón y calorías pero con un bajo aporte proteínico. En Grecia, se utiliza normalmente el de grano largo. Una de las fórmulas más habituales para servirlo en este país es hervido y aromatizado con cebolla y especias *(Pilaf)*.

Bacalao *(Bakaliáros)*

Rico en proteínas y minerales, este pescado blanco es el más consumido en Europa. Además de fresco, también es habitual encontrarlo en salazón. En Grecia, es la base de múltiples recetas y sus huevas ahumadas se usan para hacer un popular puré: *Taramosaláta.*

Bechamel *(Besamél)*

Platos tan importantes en la gastronomía del país como la *Musaká* o el *Pastítsio* requieren de esta salsa antes de ser horneados. Los ingredientes de la bechamel son leche, harina, aceite, huevos, sal y nuez moscada.

Berenjena *(Melitzána)*

Aunque su origen sea Oriente, se trata de una de las verduras más utilizadas en la dieta griega. De hecho, es el ingrediente estrella de su plato más internacional: la *Musaká* (capas de berenjenas fritas alternado con capas de carne picada, cubierto de bechamel y cocinado al horno).

Calabacín *(Kolokitháki)*

Bajo en grasas pero con alto contenido en caroteno y vitamina C, el calabacín es otra de las verduras más consumidas en Grecia. Una de las especialidades del país es la *Kolokithákia*, pequeños calabacines con aceite de oliva y ajo.

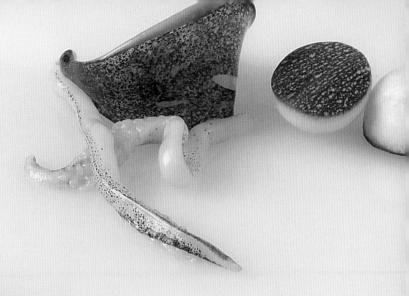

Calamar *(Kalamári)*

De la familia de los cefalópodos, los calamares son muy utilizados en la cocina griega dada la riqueza del mar de este país. Así, podemos encontrarlos como ingredientes de infinidad de platos, por ejemplo, fritos *(Kalamarákia)* y acompañados con arroz o con verduras.

Cardo *(Gaïdurágatho)*

Bajo en grasas pero con un alto contenido en fibra, calcio, magnesio y hierro, este vegetal, también conocido como quingombó, es muy popular en Grecia y Oriente Medio. Se cuece siempre (salteado o al vapor) y se usa para espesar sopas y estofados o como acompañamiento.

Cebolla *(Kremídi)*

Rica en vitaminas, a este popular vegetal también se le atribuyen multitud de propiedades desinfectantes y purificadoras. Usada desde en ensaladas, donde podremos encontrarla cruda, hasta en las recetas más complicadas como guisos de carne, etc. En Grecia se consumen todas las variedades (coloradas, blancas, doradas, etc.) y de mil formas distintas.

Cerdo *(Xirinó)*

Importante fuente de vitamina B, la carne de cerdo es rica también en minerales y, sobre todo, hierro. Las típicas parrillas griegas se elaboran con todo tipo de carnes, incluido el cerdo. Otra forma de preparar esta carne es como pincho moruno *(Suvlaki)* y se acompaña con las famosas tortas de harina *(Píta)*.

Champiñones *(Manitária)*

Facilitadores de la estimulación del sistema inmunológico y, por lo tanto, revitalizantes de las defensas del cuerpo, estos hongos comestibles acompañan muchas carnes y guisos griegos. También se sirven solos y fríos, como si de una ensalada se tratara (champiñones a la griega).

Cordero *(Arní)*

Es la carne roja más usada en la cocina griega pero, dado que para la mayoría de recetas se escoge la parte de la pata del animal, los platos son bastante bajos en grasas y calorías. El asado de cordero es habitual en cualquier festividad mientras que, para cada día, se prepara guisado con verduras.

Espinacas *(Spanákia)*

Se trata de uno de los vegetales más completos: bajas en grasas pero con un alto contenido en fibra, calcio, magnesio, fósforo, hierro, cobre y vitaminas B, C y E. En Grecia se preparan hervidas, cocidas al vapor, al horno, etc. Sobre todo, son muy típicas dentro de las empanadas de hojaldre *(Spanakópita)*.

Gambas *(Garídes)*

Estos deliciosos crustáceos, algo más pequeños que los langostinos, también se consumen en abundancia en Grecia. Sobre todo, son típicas en los menús de fiestas y ocasiones especiales. Una manera muy griega de prepararlas es con espinacas y queso *feta*.

Garbanzos *(Rebíthia)*

Al igual que las alubias, los garbanzos son muy utilizados en Grecia. Ricos en fibra y algunas sales minerales, estas legumbres tienen entre un 20 y un 25% de proteínas y disponen de un contenido en hidratos de carbono superior al de los cereales.

Hinojo *(Márathos)*

Vegetal aromático sumamente rico en potasio. Es una excelente fuente de fibra. De sabor anisado, los cogollos de hinojo son buenos en ensaladas, crudos y picados, o cocidos igual que el apio.

Hojas de parra *(Ampelófila)*

Las hojas tiernas de las parras son también usadas por los griegos para envolver el arroz solo o con carne picada de cordero y aromatizada con especias; se trata de uno de los platos más originales del país: *Dolmádes.*

Judías (Fasólia)

Bajas en grasas pero con un alto contenido en fibra, magnesio y vitamina C. Las judías verdes se comen en Grecia normalmente frías en ensaladas o como acompañamiento de platos salados. De hecho, tiernas se pueden hervir, cocer al vapor, saltear o rehogar.

Limón (Lemóni)

Aunque su origen también sea el lejano Oriente, el limón es una de las frutas más usadas en la cocina griega. Rico en vitamina C y antioxidantes, se emplea para aromatizar muchos platos de carne que llevan salsas como el *Avgolemono,* pollo con una mezcla de limón y huevo.

Mejillones (Mídia)

Estos moluscos, de diferente tamaño según la especie, tienen una carne de color anaranjado muy apreciada por su exquisito sabor. En la gastronomía griega, al igual que otros mariscos y pescados, se preparan cuando se trata de una comida especial.

Miel (Méli)

Este endulzante tradicional de la antigua civilización griega se sigue utilizando muchísimo en la actualidad, sobre todo, para la elaboración de postres y dulces, como los *Baklavás* (una pasta hecha a base de hojaldre con miel, vainilla y almendras) o los *Lukumádes* (bollos de hojaldre hechos con miel).

Olivas (Eliés)

El fruto del olivo es esencial en la dieta mediterránea, ya que con él se elabora el aceite de oliva, que otorga un delicioso sabor a los platos. Rico en vitamina E y en ácidos grasos monosaturados que ayudan a controlar el colesterol, en Grecia es esencial para cocinar y aderezar la mayoría de recetas. En cuanto a las olivas griegas, las más apreciadas son las *kalamata.*

Orégano *(Rígani)*

Hierba aromática que crece silvestremente en toda la zona Mediterránea. En Grecia, se utiliza mucho para dar aroma a todo tipo de platos, pero la variedad que más triunfa en las cocinas griegas es el llamado *Rigani*, orégano que se seca para que tenga un sabor más fuerte.

Patata *(Patáta)*

Los griegos adoran todo tipo de productos que provengan del campo y, por supuesto, la patata no podía ser una excepción. Esta hortaliza que constituye uno de los alimentos más antiguos del planeta se prepara en este país al horno y rellena de huevos, queso, sal y pimienta.

Pepino *(Agúri)*

Este fruto, considerado comúnmente como una hortaliza, contiene vitamina C, es bajo en calorías y colesterol y no aporta grasas. En Grecia, además de encontrarse en la mayoría de ensaladas, también se consume triturado y mezclado con el yogur en el popular *Tzatzíki*.

Pimiento *(Piperiá)*

Fuente excelente de vitamina C, el cultivo de la pimentera –planta que produce los pimientos– se ha extendido por todo el mundo a pesar de que su origen sea el continente americano. En Grecia, se consume cocinado al horno y relleno de arroz, carne picada y pasas de corinto *(Gemistá)*.

Pollo *(Kotópulo)*

Baja en grasas, la carne blanca de pollo se prepara en Grecia de infinidad de maneras (con verduras, con salsa de yogur, etc). Uno de los platos griegos con este tipo de carne y que podremos encontrar por todas partes es el *Avgolemono* (pollo con arroz, huevos y zumo de limón).

Pulpo *(Jtapódi)*

De la misma familia que el calamar y la sepia, el pulpo se consume en todo el Mediterráneo y, especialmente en Grecia, donde se preparan a la brasa, en vinagreta o también se pueden servir fríos en ensalada. En Míkonos, los pulpos se cuelgan al aire libre antes de cocinarlos.

Queso *(Tirí)*

El consumo de queso en Grecia siempre ha sido alto, ya que constituye una fuente de proteínas no muy costosa para las familias humildes. Sin duda, la estrella de los quesos es el *feta,* que abarca la mitad del consumo de quesos del país. Se trata de un queso salado, sin corteza, que se elabora con leche de oveja o cabra curado en salmuera. Constituye un elemento esencial en las ensaladas griegas.

Ternera *(Mosjári)*

Esta carne roja también es bastante consumida en Grecia, y sobre todo se prepara en guisos y brochetas. Hay multitud de platos griegos con diferentes verduras (pimientos, berenjenas, hojas de parra, etc.) que llevan rellenos de carne picada de ternera o también de cerdo.

Tomates *(Ntomátes)*

El tomate rojo está presente en la mayoría de ensaladas griegas junto con el *feta* y las aceitunas. Este vegetal, fuente inagotable de propiedades preventivas y curativas, tiene como uno de sus principales componentes el licopeno, que combate el envejecimiento.

Yogur *(Yiaúrti)*

Otro derivado de la leche importantísimo para los griegos es el yogur. Constituye uno de los postres más frecuentes y, normalmente, se toma acompañado por miel y nueces. Con él, también se elabora una de sus salsas más internacionales: el *Tzatzíki,* hecha, además de con yogur, con aceite de oliva, pepino y eneldo.

Zanahorias *(Karóta)*

Esta rica hortaliza contiene mayoritariamente agua (casi el 90%) y es un alimento muy adecuado para dietas hipocalóricas –aporta sólo un 40% de calorías–. Además es antioxidante y un eficaz protector de la piel. En Grecia, es esencial para las ensaladas y también en guisos.

Los vinos

Los vinos griegos están logrando una notable proyección internacional en los últimos años, gracias a la recuperación de caldos locales casi desaparecidos. Sin embargo, el *retsina,* elaborado con un poco de resina en la fermentación, se mantiene como el vino más famoso del país. Entre el resto de bebidas destaca el aguardiente *ouzo* o los zumos de frutas.

La cultura griega siempre ha estado vinculada al mundo vinícola. Buena muestra de ello es la existencia de Dionisos –Baco, para los romanos–, hijo bastardo de Zeus, al que se le atribuye el descubrimiento del vino. Por su condición de hijo de un dios y una mortal, Dionisos es uno de dioses más cercanos a los hombres y sus fiestas son el origen del teatro griego. En la vida terrenal, los griegos aprovecharon sus viajes marítimos para extender el cultivo de la viña por toda la cuenca mediterránea, aunque acabaron siendo los romanos los que perfeccionaron la técnica de elaboración del vino. Pese a perder importancia en la industria

vinícola mundial, lo cierto es que los griegos siempre ha sido unos grandes consumidores de los vinos y licores locales, habitualmente acompañados de *mezés:* tabernas, cafés y bares sirven siempre las bebidas junto a los típicos aperitivos del país. En cuanto al papel de la industria, destaca la importante mejora en la calidad de los vinos registrada a partir de la década de 1980, cuando el país entró en la Unión Europea y se empezaron a recuperar algunos caldos locales hasta entonces olvidados. Como sucede en la mayoría de países europeos, la industria vinícola está regulada por un sistema de denominaciones de origen.

Retsina
La estrella indiscutible en la oferta vinícola griega es el vino resinado *(retsina),* que añade un poco de resina en el momento de la fermentación, lo que le otorga un sabor y aroma únicos. El descubrimiento de ánforas con restos de resina demuestra que este tipo de vino ya se elaboraba hace más de 3.000 años. En principio, la adición de resina se realiza con el objetivo de conservar por más tiempo el sabor, aunque existen teorías que aseguran que este vino no envejece bien. Sea como sea, lo cierto es que vale la pena descubrir el singular sabor de este vino,

especialmente indicado para acompañar a los aperitivos locales.

El *retsina* más prestigioso se elabora en la región de Ática y en la gran isla de Eubea. La mayoría de la producción se concentra en vino blanco, elaborado a partir de la cepa savatino, aunque también existe una variedad rosada, conocida como *kokinelli,* con menor proporción de resina. Por sus curiosas características, el *retsina* ha alcanzado una gran fama fuera de las fronteras griegas y se ha convertido en el souvenir ideal para los turistas que visitan el país. Sin embargo, los griegos parecen optar por otros vinos o por bebidas de mayor graduación.

Otros vinos

En las últimas décadas, los vinos griegos han logrado un creciente prestigio en el mercado internacional. La región que acumula más hectáreas de viñedo es el Peloponeso, aunque una parte importante de su producción se destina a la producción de sus famosas pasas. En esta región destacan los vinos tintos como el *mavrodaphne,* muy dulce y versátil, que en algunas ocasiones se ha comparado con el vino de Oporto. En la Grecia continental también conviene recomendar el *zítsa* de la región de Epiro, un blanco elaborado con la uva autóctona debina y que cuenta con una variedad espumosa. En la región de Macedonia, cercana a los Balcanes, se elaboran unos sabrosos tintos a partir de la uva xynomavro. En las islas del Egeo se producen interesantes dulces de malvasía, con Creta como la mayor productora vinícola, aunque sus recursos naturales todavía están por desarrollar. También cuentan con un clima ideal Santorini o Rodas. En las tabernas del país, asimismo, son muy populares los vinos locales de barril.

Ouzo

Entre los licores destaca el *ouzo,* un aguardiente anisado que acostumbra a tomarse como aperitivo, acompañado de mezés, o en la preparación de cócteles. Debido a su elevada graduación alcohólica puede mezclarse con agua. El mejor *ouzo* proviene de la isla de Lesbos, donde este aguardiente

está presente en todas las fiestas y reuniones sociales. En el resto del país existen unos locales conocidos como *ouzerí*, donde se sirven distintos tipos de *ouzo* en jarra y siempre acompañados de un poco de agua.

Licores

De mayor graduación que el *ouzo*, el *raki* es otro aguardiente muy popular en Grecia, debido a la cercanía con Turquía, donde es la bebida nacional. En algunas zonas y para diferenciarlo de la versión turca, el *raki* se conoce como *tsipouro*.

También son famosos los brandys, encabezados por las marcas Cambas o Metaxa, elaborado con variedades de uva locales y dividido en distintas categorías en función del periodo de envejecimiento. Por último, destaca el licor de guindas *visinada*.

Otras bebidas

Como país productor de frutas, también son muy populares los zumos, ideales para refrescarse durante los cálidos meses de verano. Entre los más populares destacan los zumos de naranja, melocotón, uva, manzana, albaricoque y tomate, o la limonada. Sin embargo, la bebida más consumida en el país es el café, que se prepara en una pequeña cafetera de latón donde se mezclan al mismo tiempo el café molido y el azúcar. Por ello, al pedirlo debe especificarse si se prefiere amargo o dulce. El café acostumbra a tomarse en las típicas *kafenion*, verdaderos centros sociales de la mayoría de pueblos, donde también pueden tomarse refrescos, vinos, licores o cerveza, otra bebida que también cuenta con numerosos adeptos en Grecia.

Restaurantes y establecimientos

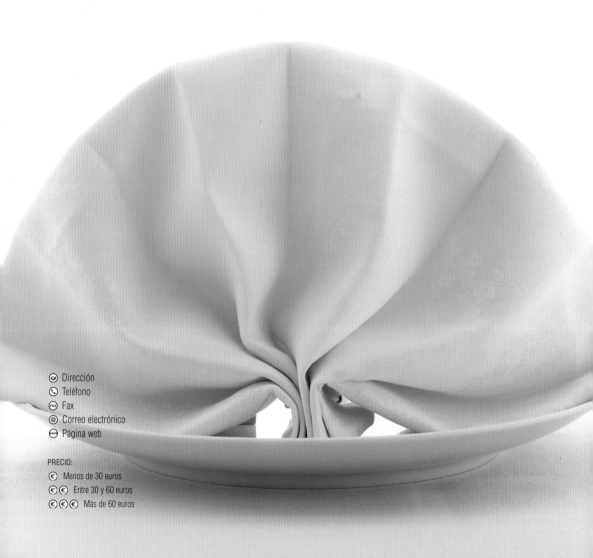

- ⊙ Dirección
- ☎ Teléfono
- FAX Fax
- @ Correo electrónico
- WWW Página web

PRECIO:

- € Menos de 30 euros
- € € Entre 30 y 60 euros
- € € € Más de 60 euros

LA TABERNA DEL GRIEGO

◉ Murillo, 1. 07013 Palma

◯ 971 285 319

PRECIO: €

Amplia carta tradicional helena. Las especialidades de la casa son el cordero a la griega o la *musaká* y postres caseros como el yogur griego con miel y nueces o las peras rosas rellenas con vino.

DIONISOS

◉ Compte Urgell, 90.
   08011 Barcelona

◯ 934 515 417

PRECIO: €

Inaugurado en 1993, fue el primero de los cinco restaurantes Dionisos que Ioannis Golias estableció en Barcelona. Un local que recrea las más típicas tabernas griegas y donde pueden degustarse excelentes platos helenos, elaborados con productos griegos.

DIONISOS

◉ Dolors Masferrer i
   Bosch, 14. 08028 Barcelona

◯ 934 097 060

PRECIO: €

El último de los establecimientos abierto por la cadena, en marzo de 2005. Tiene capacidad para 25 comensales y los platos más tradicionales de la cocina griega.

DIONISOS

◉ Valencia, 112.
   08015 Barcelona

◯ 932 260 049

🌐 www.dionisos.ws

PRECIO: €

Ambiente cálido y agradable con murales decorados con motivos relacionados con la mitología griega. Buena carta con especialidades griegas. Todos los jueves se organiza un espectáculo en el que la danza griega es la protagonista.

DIONISOS

◉ Avda. Marquès de
   l'Argentera, 27 entlo. 2.ª
   08003 Barcelona

◯ 932 682 472

PRECIO: €

Este establecimiento, situado en el Born, mezcla modernidad y tradición en un local de diseño con estilo. Entre los platos de su carta destacan la *musaká,* la *sutsukakia* y el *gyros.* Este local es el referente de los otros Dionisos en Barcelona, y el más grande, con capacidad para 90 comensales. Dispone de una agradable terraza.

DIONISOS

◉ Torrent de l'Olla, 112.
   08012 Barcelona

◯ 932 373 417

🌐 www.dionisos.ws

PRECIO: €

Situado en el barrio de Gracia, este local tiene un capacidad para 40 personas. Dispone de una sala, que recrea una típica taberna griega y una terraza. Como el resto de locales del grupo, ofrece bailes griegos a petición previa.

DIONISOS

◉ Avda. Banys, 23.
   08860 Castelldefels

◯ 936 653 771

PRECIO: €

Cerca del mar se encuentra este restaurante de cocina rápida griega, que cuenta con la garantía de calidad del prestigioso grupo Dionisos.

MINOS

◉ Aribau, 137.
   08036 Barcelona

◯ 934 107 464

PRECIO: €

Tradicional griego, con una decoración típicamente griega . Especializado en la preparación de recetas al carbón y al horno.

PLANET GREECE

◉ París, 147. 08036 Barcelona

◯ 934 102 821

PRECIO: €

Gastronomía griega, con un recetario más tradicional. Especialidad en *musaká* y *keftedes.* Música y espectáculos de bailes griegos dos noches a la semana.

SYMPOSION

◉ Via Layetana, 6.
   08003 Barcelona

◯ 933 104 018

🌐 www.symposion-restaurant.tk

PRECIO: €

Este restaurante se mantiene fiel a los platos tradicionales de Grecia. Ambiente agradable y sobrio local, sin la decoración típica helena.

TABERNA GRIEGA

◉ Torrent de l'Olla, 123.
   08012 Barcelona

◯ 934 156 077

🌐 www.latabernadeoriente.com/
   gracia.html

PRECIO: €

Entre el encanto de las calles de Gracia, este local ofrece cocina griega casera en un ambiente cálido, cómodo y agradable. Especialidades en *musaká* y *suvlaki,* que se pueden acompañar con un buen vino griego.

SYRTAKI

◉ Urb. El Castillo, s/n.
   35610 El Castillo

◯ 928 163 613

@ info@restaurantesyrtaki.com

🌐 www.restaurantesyrtaki.com

PRECIO: €

Ambiente mediterráneo en las islas del Atlántico es lo que propone el restaurante Syrtaki, en el que se ofrece cocina tradicional griega con especialidades como ensaladas, cordero con pasta, *gyros* y *musaká.*

DELFOS

Cuesta de Santo Domingo, 14. 28013 Madrid

915 483 764

www.accua.com/delfos

PRECIO: €

La decoración, con tonos blanco y azulado y banderitas por doquier, no deja lugar a dudas que es un restaurante griego. En cuanto a la carta, se recomienda la *pikília*, la *musaká* y las albóndigas de ternera en salsa de tomate. Miércoles y jueves noche, sesión de música tradicional.

HELAS

Mesón de Paños, 1. 28013 Madrid

915 483 304

PRECIO: €

Hermano del prestigioso restaurante en Sevilla, el Helas de Madrid centra su cocina griega en las recetas a base de pescado y marisco, como los langostinos con salsa de tomate. Las noches de los fines de semana, *sirtaki* en directo.

LA ANTIGUA GRECIA

Capitán Haya, 17. 28020 Madrid

915 552 330

PRECIO: €

Recetario griego tradicional entre el que destaca la *musaká* con queso parmesano. Inaugurado en 2002 por los dueños del Parthenon, se ha convertido un local frecuentado por jóvenes, donde conviene reservar los fines de semana.

MILOS

Francisco Silvela, 30. 28028 Madrid

913 614 472

PRECIO: €

Milos es el tercer local que los propietarios de los restaurantes Mythos han abierto en Madrid. Ofrece a sus clientes platos griegos tradicionales. Elabora deliciosamente el recetario heleno, lo que le ha valido el ser considerado uno de los mejores griegos del país. Sus especialidades más destacables son la *musaká* de patata y el pulpo a la brasa.

MUSAKA

Núñez de Balboa, 106. 28006 Madrid

914 114 349

PRECIO: €

Este restaurante se anuncia como "cocina griega alternativa", pero ofrece los platos helenos más típicos. Precisamente la tradicional *musaká* es la especialidad de la casa, así como también lo es el calabacín frito con yogur.

MYTHOS

Apodaca, 20. 28004 Madrid

914 487 396

PRECIO: €

Veterano y exitoso restaurante especializado en cocina griega. Entre los platos de la casa, sobresalen el pulpo a la brasa y la *musaká* guarnecida con ensalada de lechuga. El número 70 de la calle Bravo Murillo acoge una sucursal de este restaurante.

PARTHENON

Jorge Juan, 55. 28001 Madrid

914 357 738

PRECIO: €

Conocido restaurante de cocina tradicional griega, madre de otros locales como el Musaka. Elabora como especialidades la *musaká*, los quesos y los yogures griegos. En fin de semana, se recomienda reservar mesa con antelación.

POSEIDÓN

Fernando el Católico, 26. 28015 Madrid

914 550 238

PRECIO: €

Restaurante especializado en cocina griega, con una amplia carta de recetas tradicionales. Decoración sencilla y trato amable.

TABERNA GRIEGA

Tesoro, 6. 28004 Madrid

915 325 897

www.tabernagriega.com

PRECIO: €

Una verdadera taberna griega, acogedora, con detalles típicamente helénicos, como parras de vid colgadas del techo. Buen recetario, entre el que destacan las berenjenas rebozadas y los *gyros*, y un gran ambiente los fines de semana, con demostración de *sirtaki* en que se invita a la gente a bailar sobre las mesas y a romper los platos de la buena suerte. Dispone de otro restaurante en la calle Benito Gutiérrez, 14.

TABERNA GRIEGA

Benito Gutiérrez, 14. 28008 Madrid

915 491 762

www.tabernagriega.com

PRECIO: €

El segundo establecimiento con la misma marca y filosofía: disfrutar de la cultura griega mediante su gastronomía y baile.

VARDULAKIS

Orense, 26. 28020 Madrid

915 552 588

www.vardulakis.com

PRECIO: €

Especializado en carnes y pescados al carbón, este nuevo restaurante presenta tradicionales platos griegos como el pulpo al carbón, las brochetas *vardulakis* o una *musaká* con frutos secos, pasas de Corinto y clavo.

KATOGUI

Avda. Mediterráneo, 122. 29730 Rincón de la Victoria

952 970 372

PRECIO: €

Taberna griega con las especialidades helenas más tradicionales y populares.

LA COCINA DEL CHIPRIOTA

Moncayo, 35. 29640 Fuengirola

952 462 256

PRECIO: €

Tradicional cocina griega de Chipre, con una amplia carta concentrada en un buen menú degustación con 20 platos. Dispone de terraza y conviene reservar.

POSEIDÓN

◉ Gloria, 11.

   29780 Nerja

☏ 952 526 661

PRECIO: €

Agradable y acogedor restaurante, con decoración griega ligera y natural. Las especialidades helenas, como el *tsatzíki* o los langostinos con queso *feta*, pueden degustarse en los salones interiores o en una bonita y acogedora terraza.

GREEK CORNER

◉ Avda. de las Américas, s/n.

   38660 Playa de las Américas

☏ 922 753 788

PRECIO: €

Un trato agradable y platos tradicionales bien elaborados es lo que ofrece este restaurante que acerca el gusto heleno a las playas canarias.

HELAS

◉ Gonzalo Bilbao, 26.

   41003 Sevilla

☏ 954 534 844

PRECIO: €

En un ambiente típicamente griego, su propietario Stratos Stratakos, formado en la Escuela de Hostelería de Atenas, ofrece a sus clientes, entre otros platos, una excelente *musaká*, el *riganato* y notables recetas de pescado. El Helas está considerado por muchos el mejor restaurante griego de España.

LA TABERNA GRIEGA

◉ Torrent de l'Olla, 123.

   08012 Barcelona

☏ 932 386 571

Abierto de 9:00-21:00. Sábados 12:00-17:00. Domingos cerrado.
Sirve comida preparada para llevar recién salida de la cocina del restaurante homónimo vecino, así como conservas y congelados de los platos griegos más populares. Dispone de los productos griegos más significativos, tales como quesos, aceitunas y vinos.

SYMPOSION

◉ Roselló, 145.

   08036 Barcelona

☏ 934 396 010

Abierto de 12:00-21:30. Domingos cerrado.
La única tienda en toda España dedicada íntegramente a productos griegos dispone de más de 700 referencias de primeras marcas helenas. Aparte de ofrecer los populares yogures y queso *feta*, cuenta con gran cantidad de especialidades griegas frescas y congeladas. Posee también una bodega con gran variedad de vinos y licores griegos, así como cerveza helena.

Glosario

Ajenuz

Planta anual que puede medir unos treinta centímetros de altura, con pocas ramificaciones y hojas divididas y en forma de agujas. Es originaria del Próximo Oriente, pero se ha ido extendiendo por el sur de Europa. Las flores presentan cinco sépalos de color blanco, verdoso o azul en los extremos. Sus semillas se emplean en la cocina como especia.

Aliada

Salsa de ajo griega.

Arni

Cordero.

Avgolemono

Salsa de limón y huevo básica en la cocina griega.

Avgotaraho

Durante el imperio bizantino fue un alimento muy apreciado. El *avgotaraho* es un producto absolutamente natural elaborado a base de huevas de carpa prensadas y saladas. Posee un elevado valor nutritivo y un sabor muy intenso. Ocupa siempre un lugar destacado en las tiendas de productos griegos de gama alta.

Baklavás

Pasteles típicos a base de pasta filo rellenos de frutos secos. Este dulce, al igual que otras muchas recetas griegas, tiene una clara influencia árabe.

Bukovo

Guindilla roja seca y molida muy apreciada y utilizada en la cocina griega por su intenso sabor.

Bulgur

O *bulghur*. Trigo germinado, secado y partido muy empleado en la cocina de los países de Oriente Medio y también en Grecia.

Caramelizar

Aplicado a la cebolla, pocharla despacio a fuego lento hasta que adopta el color del caramelo.

Dakos

Pan seco típico de la isla de Creta. El pan, una vez cortado a rebanadas, se deja secar al sol. En muchas recetas podría sustituirse este pan por los típicos panecillos crujientes de Mallorca *(quelis)* o bien por una rebanadas de pan tostadas en el horno hasta que queden totalmente secas.

Fáva

Nombre que reciben en griego los guisantes amarillos partidos y, por extensión, una salsa elaborada con estos guisantes y aceite de oliva. En Grecia se dice que los mejores proceden de la isla de Santorini, donde las tierras volcánicas les aportan un sabor característico. Pueden sustituirse por los *dal* asiáticos, de venta en tiendas especializadas.

Feta

Queso fresco de leche de cabra u oveja. Es el más conocido de los quesos griegos y su origen se remonta a la Antigüedad. Su sabor, algo fuerte y característico, se debe a que se conserva en grandes bloques en salmuera, y suele emplearse en ensaladas y combinado con verduras en los populares *mezés*.

Flambear

Técnica de cocina que consiste en regar un plato con una bebida alcohólica y prenderle fuego para aportarle su aroma y hacer que el alcohol se evapore. En Grecia, es típico flambear muchos platos con un típico licor propio, el *ouzo*.

Halumi

O *hallumi*. Este queso griego salado y blando se elabora con una mezcla de leche de cabra y oveja o bien de vaca, cabra y oveja. Se desmenuza fácilmente y se usa para freír, asar y rallar y también se come crudo.

Hinojo marino

Ver *kritamo*.

Halvás

Pastel de sémola y almendras.

Hojas de parra

Las hojas de parra son muy populares en Grecia y se emplean en la cocción de múltiples platos y como envoltorio para rellenos muy diversos. Se pueden adquirir paquetes de hojas de parra conservadas en salmuera o bien saladas y secas, que habrá que remojar.

Horiatiki

La ensalada griega por antonomasia y la más popular internacionalmente, elaborada con tomate, pepino, cebolla, pimiento rojo y *feta*.

Kalamata

Aceitunas alargadas, en forma de almendra, de color morado negruzco y sabor distintivo. Los griegos las consideran las mejores del Mediterráneo. Se designan con el nombre de la zona donde se producen, el valle de Kalamata, en la provincia de Mesenia.

Kefalotiri

Queso griego seco de color amarillento y sabor salado elaborado a base de leche de cabra y oveja. Los griegos lo emplean para cocinar, tanto rallado como frito.

Keftédes
Albóndigas.

Kotópulo
Pollo.

Kritamo
El *kritamo* o hinojo marino crece a lo largo de la costa de Grecia. Se recoge a mano y se puede utilizar crudo en ensaladas o como adorno. También se puede marinar en aceite de oliva y vinagre y conservarse en un tarro. En tiendas especializadas puede encontrarse *kritamo* en conserva.

Ladolemono
Aliño a base de aceite y zumo de limón.

Lentejas beluga
Lentejas negras de pequeño tamaño que reciben este nombre porque al cocerlas brillan y se asemejan al caviar beluga. Son ideales para sopas y ensaladas.

Manuri
Queso blando, de textura parecida al requesón, que se elabora con una mezcla de leche de cabra y oveja. Suele emplearse en dulces, pero también en las ensaladas y los *mezés*. Puede sustituirse por requesón o *ricota*.

Mavrodafine
Vino tinto dulce de sabor afrutado procedente del Peloponeso.

Mezés
Aperitivos variados. Se consumen tanto en Grecia como en Marruecos y Turquía y son una clara muestra del espíritu y la tradición de compartir de sus gentes.

Mizithra
Queso griego elaborado con el suero del *feta* y el *kefalotiri* mezclado con leche de oveja y de vaca. Se vende fresco, de textura suave y similar al requesón, o bien curado, especialmente para gratinar, con el nombre de Xinomizithra.

Orzo
Pasta de pequeño tamaño, en forma de lágrima alargada o grano de trigo aplanado, muy utilizada por los griegos en la cocina tanto en sopas como en platos de carne.

Ouzo
Licor anisado griego con un alto porcentaje de alcohol. Puede beberse solo, con hielo o con agua y suele servirse para acompañar a los aperitivos o *mezés*.

Pasta filo
Pasta elaborada con harina de trigo, agua y sal que se emplea en láminas u hojas muy finas. Se pinta siempre con mantequilla fundida y se emplea para envolver rellenos de diversas clases.

Pastítsio
Plato parecido a la *musaká* pero elaborado alternando capas de macarrones y salsa de tomate y carne, cubierto con bechamel y gratinado.

Pimiento florinis

Pimiento rojo dulce, ligeramente asado, que se vende en conserva con vinagre, aceite de oliva y orégano y es muy apreciado en la cocina griega.

Prensaajos

Pequeño utensilio de cocina consistente en dos piezas móviles con mango: un receptáculo del tamaño aproximado de un diente de ajo con pequeños agujeros en la base y una pieza móvil con la que se ejerce presión y que permite triturar los ajos finamente y extrayendo todo su jugo.

Salsa Worcestershire

Salsa compuesta de vinagre de malta, azúcar, chalota, ajo, tamarindo, clavo de olor, esencia de anchoas y especias. Se dice que la receta la descubrió en India en el siglo XIX sir Marcus Sandy (originario del condado de Worcester, de ahí el nombre de la salsa) y que, al regresar a Inglaterra, pidió a los especieros Lea & Perrins que la recrearan.

Taramosaláta

Actualmente recibe este nombre una crema elaborada a base de huevas de bacalao que suele comerse como aperitivo untada en pan tostado o pan de pita. El origen de la palabra, no obstante, denota que en un principio esta crema se preparaba con huevas de mújol (*taramá* en griego).

Tzatzíki

Crema griega a base de yogur, ajo y pepino. Es uno de los *mezés* más tradicionales, que acostumbra a servirse con rebanadas de pan tostado pero que puede ser perfectamente un acompañamiento de cualquier carne o pescado.

Yígantes

Alubias gigantes que son muy populares en Grecia. Se dice que las mejores proceden de las regiones de Macedonia y Rpiro.

Índice de recetas